EXPEDITION NATUR

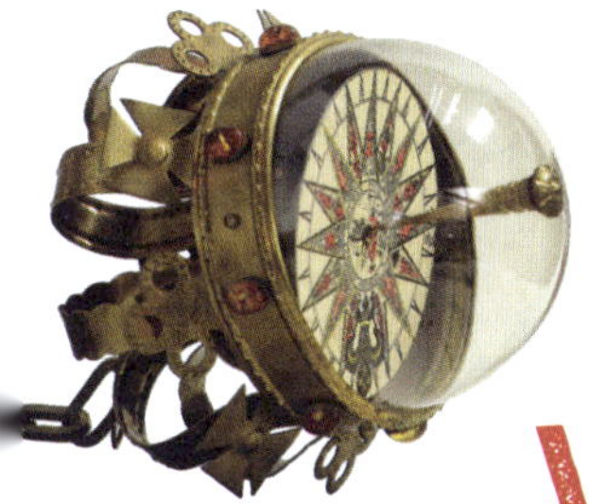

Martin Verg

VON HIER NACH DORT

Abenteuer mit Karte, Kompass & Co.

Mit Illustrationen von
Lucie Göpfert

moses.

WO BIN ICH? 7

WO BIN ICH? Oder warum ohne Zeit der Ort kaum zu finden ist 8

Anleitung SO FUNKTIONIERT EIN FÖRSTERDREIECK 12

Anleitung BAU DIR EINE KERZENUHR 14

Anleitung EINE SANDUHR AUS LEERGUT 16

Anleitung MACH ES WIE DIE SONNENUHR 18

HILFE AUS DEM ALL Wie uns Satelliten die Orientierung erleichtern 22

Spielidee WO BIN ICH? 25

GEOCACHING Schnitzeljagd mit Satelliten 26

WO WILL ICH HIN? 31

WO WILL ICH HIN? Von Wegweisern und schlauen Tieren 32

MIT SEIFE ZUM EISESSEN Was liegt alles zwischen Nord und Süd? 35

VON SONNENANBETERN UND SATELLITENSCHÜSSELN Wie man (fast) ohne technische Hilfsmittel die Himmelsrichtung bestimmt 38

DIE TRICKS DER TIERE Wie Vogel, Fisch und Co. ihren Weg finden 42

MARMOR, STEIN UND EISEN SCHMILZT Warum unser Planet so anziehend ist 45

Anleitung MACH DAS MAGNETFELD SICHTBAR! 46

AN DER NADEL NORDWÄRTS! So funktioniert ein Kompass 47

Anleitung SO BAUST DU EINEN NADELKOMPASS 49

Anleitung WO LICHT IST, IST AUCH SCHATTEN 50

Anleitung MACH DEINE UHR ZUM WEGWEISER 51

Anleitung WIE DU DEN KOMPASS VERWENDEST 52

WIE FINDE ICH DEN WEG (WIEDER)? 57

WIE FINDE ICH DEN WEG (WIEDER?) Karten lesen leicht gemacht 58

DIE SACHE MIT DER ORANGENSCHALE Oder von Karten und Kugeln 60

ZUM KUGELN Warum der Globus viele Probleme löst – und manch neues schafft 63

Bastelbogen EIN GLOBUS ZUM SELBERBAUEN 66

ZWEI DAUMEN BIS ZUM BUS Alles eine Frage des Maßstabs 71

WAS WILLST DU SEHEN? Warum Karte nicht gleich Karte ist 74

Spielidee KARTENZEICHNEN ALS CHALLENGE 78

VON HUNDSKÖPFIGEN UND REISEWARNUNGEN Weshalb frühe Kartenzeichner oft Fantasie brauchten 80

FÜR WALDLÄUFER UND PILGER Wie Wegzeichen dich ans Ziel führen 83

DAS GEHEIMNIS DER STÄBE Die wundersamen Karten aus dem Westpazifik 88

Anleitung EINE STABKARTE ALS WANDSCHMUCK 89

LÄNGEN, BREITEN UND EINE RIESENKARTOFFEL Warum die Erde vergittert wurde 90

NULLNUMMERN UND KREUZUNGEN Wenn Grade zu Grenzen werden 92

Anleitung SOCKEN IN B3! 94

Martin Verg ist Journalist und Autor. Nach mehr als zehn Jahren als Chefredakteur der Kinderzeitschrift GEOlino schreibt er inzwischen vor allem und am liebsten Bücher für junge Leserinnen und Leser, mal schräge Krimis, mal schlaue Sachtitel, moderiert oder macht Podcasts.

VON HIER NACH DORT – UND WIEDER ZURÜCK!

Eine fremde Stadt, ein unbekannter Weg, ein Ziel, an dem du noch nie warst? Wer heute von A nach B will, kann einfach sein Handy befragen. Per Satellitenpeilung erscheint der aktuelle Standort in Nullkommanichts metergenau auf dem Display (wie das genau funktioniert, erfährst du übrigens ab Seite 22). Zack, fertig! So einfach, so praktisch.

Aber das war nicht immer so leicht. Dieses Buch nimmt dich wortwörtlich mit auf Entdeckungsreise: Wie hat der Mensch gelernt, sich in der Welt zu orientieren? Wie haben Seefahrer, Entdecker und Kaufleute ihren Weg über die Meere und durch unbekanntes Land gefunden? Welche Erfindungen waren dafür nötig – und wie funktionieren die? Und ganz entscheidend: Was kannst du mit diesem Wissen anstellen, wie kannst du Spaß damit haben?

Um all das geht es auf den folgenden Seiten. Du erfährst Erstaunliches darüber, wie unsere Vorfahren sich immer raffiniertere Techniken und Methoden ausgedacht haben, um sich in der Welt zu orientieren. Du liest, warum orientieren überhaupt so heißt. Und du bekommst einen Haufen Anregungen, um das alles selbst auszuprobieren. Ich zeige dir, wie du einen echten Kompass baust (ab Seite 49), und wie man ihn verwendet (ab Seite 52). Wie du Karten liest (ab Seite 58), und sogar wie du selbst welche zeichnest (ab Seite 78). Außerdem gibt's einen leckeren Happen Waldläuferwissen, ein paar lustige Spielideen, einen ganz speziellen Globus zum Ausschneiden und Zusammenkleben (ab Seite 66) – und vieles mehr!

Auch wenn du gar nicht vorhast, Seefahrerin oder Entdeckungsreisender zu werden: Vieles von dem Wissen, das in diesem Buch steckt, ist einwandfrei alltagstauglich. Nicht nur, um hier und da mal auf dem Schulhof oder im Unterricht mit Spezialwissen auftrumpfen zu können. Auch weil du beim nächsten Mal, wenn es von A nach B gehen soll, das Handy getrost auslassen kannst. Denn unter uns, das ist sowieso keine schlechte Idee. Forscherinnen und Forscher haben längst nachgewiesen, dass der massenhafte Gebrauch von Navi und Co. zu einer messbaren Verkümmerung des menschlichen Orientierungssinnes geführt hat. Nach der Lektüre dieses Buches kannst du von dir behaupten: Aber nicht bei mir!

Viel Spaß und gute Reise

Martin Verg

WO BIN ICH?

WO BIN ICH?

Oder warum ohne Zeit der Ort kaum zu finden ist

Irgendwie klar: Um meine Reiseroute zu planen, muss ich erst mal wissen, wo ich mich befinde. Während das an Land meist kein Problem ist, beginnt die Herausforderung für jeden Seefahrer, sobald der letzte Rest Heimaterde hinterm Horizont verschwunden ist.

Seit rund 300.000 Jahren gibt es Homo sapiens, den modernen Menschen. Also ganz schön lange! Seither haben wir uns von Afrika, wo unsere Art entstand, über den gesamten Planeten ausgebreitet. Und zwar die allerlängste Zeit zu Fuß und an Land. Der älteste Beleg dafür, dass Menschen sich auf Booten oder Flößen aufs Meer wagen, um ein neues Zuhause zu finden, ist die Besiedlung Australiens. Und die begann vor gerade mal 40.000 Jahren. Ob die mutigen Frauen und Männer, die sich da einschifften, wussten, wo sie hinfuhren? Vermutlich nicht!

Denn die Sache ist ja die: Anders als an Land, wo es oft markante Punkte gibt, an denen wir uns orientieren können, ist das auf dem Meer nicht der Fall. Sobald die Küste nicht mehr zu sehen ist, weiß man auch nicht mehr, wo man ist. Das aber ist die Voraussetzung für alles andere: Dafür, den richtigen Weg ans Ziel zu finden (darum geht es im zweiten Kapitel). Und erst recht dafür, diesen Weg so zu beschreiben, dass man selbst oder andere ihn wiederfinden (das ist Thema von Kapitel drei). Auf den folgenden Seiten dreht sich daher alles um die Frage: Wo bin ich? Oder besser gesagt: Wie kann ich eigentlich herausfinden, wo ich bin?

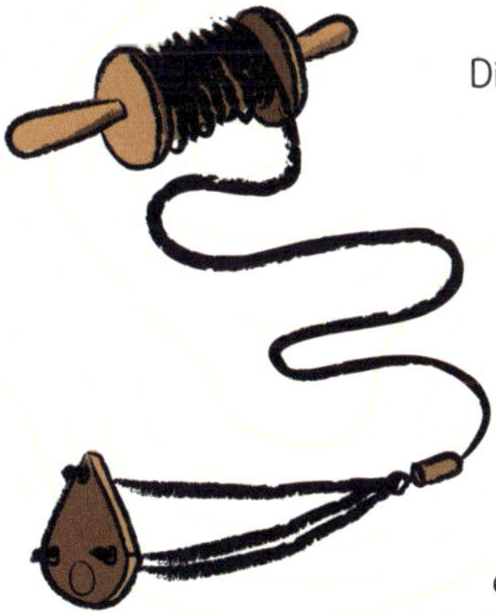

Diese Frage beschäftigt Seefahrer seit Jahrtausenden. Anfangs fiel die Antwort eher simpel aus: Man maß, zum Beispiel mithilfe eines Logs, die eigene Geschwindigkeit. Ein **Log** ist nichts anderes als ein Stück Holz an einer langen Schnur, in der sich in regelmäßigen Abständen Knoten befinden. Man wirft das Seil über Bord und zählt nun, wie viele Knoten innerhalb einer bestimmten Zeit abgespult werden. Wenn man zudem weiß, wo die Sonne zu welcher Tageszeit steht, kann man so die eigene Position bestimmen: Wir fahren seit zwei Tagen Richtung Osten, und das Log verrät uns, dass wir seither 150 Meilen zurückgelegt haben. Die Geschwindigkeit von Schiffen wird übrigens bis heute in Knoten angegeben.

Klingt gut, ist in der Praxis allerdings wahnsinnig ungenau: Jede Strömung, jede Böe, die mein Schiff von seinem Kurs abbringen, verhageln die Messung. Das ist wie Tischtennis spielen bei Seitenwind. Dann schlägst du den Ball zwar so und so viele Meter weit. Doch wo genau er am Ende landet, kannst du kaum beeinflussen.

Schwierig! Aber noch mal zurück zur Sonne: Klar, die steht mittags im Süden, ganz gleich, ob ich in Nordschweden bin oder in Süditalien. Allerdings ist es dir in den Ferien vielleicht schon mal aufgefallen: In Nordschweden wandert die Sonne selbst im Hochsommer deutlich niedriger über den Himmel als bei uns. In Süditalien dagegen musst du den Kopf ein bisschen in den Nacken legen, um sie zu sehen. Das Gleiche gilt für den Nachthimmel. Auch der sieht an verschiedenen Orten unterschiedlich aus, die Sterne stehen mal höher, mal tiefer.

Daraus lässt sich doch etwas machen, dachten schon in der Antike manch schlaue Tüftler – und entwickelten das sogenannte **Astrolabium**. Vereinfacht gesagt ist das so etwas wie eine Sternkarte. Allerdings eine ziemlich raffinierte. Ein Astrolabium besteht aus mehreren beweglichen Metallscheiben, an denen sich unter anderem das Datum und die Position bestimmter Himmelskörper einstellen lassen.

Zudem kann man durch eine Sehvorrichtung die entsprechenden Sterne über sich anpeilen. Auf diese Weise lässt sich mit dem Astrolabium einigermaßen genau die geografische Breite ablesen, auf der man sich gerade befindet, also wie weit nördlich oder südlich. Echte Profis konnten so einem Astrolabium noch allerlei andere Informationen entlocken, sodass die schicken Scheiben so was wie die Smartphones der Antike waren.

Astronom mit Jakobsstab um 1641

Das ist dann aber doch ein bisschen dick aufgetragen. Zumal Astrolabien gegen Ende des Mittelalters ernsthafte Konkurrenz bekamen: Der **Jakobsstab** war nämlich entschieden einfacher zu bedienen. Im Prinzip funktioniert der so: Man hält sich eine Art Lineal vors Auge und verschiebt darauf einen senkrechten Querstab, bis dessen unteres Ende genau auf dem Horizont, und das obere auf dem angepeilten Stern am Horizont liegt. Daraus lässt sich nun der Winkel berechnen, in dem der Stern über dem Horizont steht – und daraus folgt wiederum, schwupps, die Info darüber, wie weit nördlich oder südlich ich mich befinde.

Also theoretisch. Denn ein Problem bleibt bestehen: Versuch mal den Horizont fehlerfrei anzupeilen, wenn du auf einem schwankenden Schiff stehst. Eben! Daraus können sich erhebliche Messfehler ergeben. Ein Nachteil, den erst die Engländer im 18. Jahrhundert mit der Erfindung des **Sextanten** beheben konnten. Der besitzt nämlich, anders als der Jakobsstab, eine Art fest eingebauten Horizont und kann unter anderem dadurch deutlich bessere Ergebnisse liefern. Aber auch hier: Nur in Richtung Nord-Süd, also auf den sogenannten Breitengraden. Nicht aber Ost-West, den Längengraden.

Das führte immer wieder dazu, das Schiffe derart vom Kurs abkamen, dass sie viel zu spät oder gar nicht ihr Ziel erreichten. In der damals größten Seefahrernation England hatte man irgendwann die Nase voll. Um das Problem zu lösen, wurde 1714 ein Preisgeld ausgelobt, für das ein gewöhnlicher Arbeiter 2.000 Jahre hätte schuften müssen. Das wirkte natürlich! Etliche Tüftler machten sich Gedanken und schlugen allerlei verrückte Ideen vor. Als sicherster Weg galt schon bald die Konstruktion einer Uhr – einer, der auch Wind und Wellen und selbst ein Sturm nichts anhaben konnten. Die Überlegung dahinter: Die Erde dreht sich innerhalb von vierundzwanzig Stunden einmal um die eigene Achse. Auf einer gedachten Linie, die genau von Nord nach Süd verläuft, erreicht die Sonne daher an jedem Tag zur genau gleichen Zeit ihren höchsten Punkt. Dann ist Mittag. Ganz egal, ob ich mich in der Arktis oder am Äquator befinde. Doch je weiter nach Osten oder Westen ich mich von dieser Linie entferne, desto früher oder später ist dieser Punkt erreicht. Mit anderen Worten: Mittag ist ein bisschen früher oder später. Kenne ich die genaue Mittagszeit an meinem Abreiseort und vergleiche sie mit der an meiner aktuellen Position, kann ich daraus errechnen, wie weit ich mich nach Osten oder Westen entfernt habe.

Klingt aus heutiger Sicht wie ein Kinderspiel, war aber eine echte Herausforderung! Und so dauerte es sage und schreibe fast 60 Jahre, ehe der Tischler John Harrison seinen Gewinn einstreichen konnte. Ihm gelang es tatsächlich, einen hochseetüchtigen **Zeitmesser** zu bauen. Fortan konnte man also nicht nur die Uhrzeit an Bord genau bestimmen, sondern wusste auch immer, wie spät es daheim in England war. Damit war es ab jetzt möglich, Breiten- und Längengrade zu bestimmen – und damit wusste man punktgenau, wo auf dem großen Meer man sich gerade befand.

Anleitung

SO FUNKTIONIERT EIN FÖRSTERDREIECK

Ein Jakobsstab dient dazu, den Winkel zu berechnen, in dem etwa ein Stern über dem Horizont steht. Man kann ihn auch dazu verwenden, Höhen zu bestimmen. Ist allerdings kompliziert. Einfacher geht es mit dem Försterdreieck. Das heißt so, weil Waldarbeiter damit messen, wie hoch ein Baum ist.

So geht's:

1. Lege den Karton quer vor dich. Markiere mit dem Lineal einen Punkt an der unteren Längsseite, genau 21 Zentimeter von der linken unteren Ecke entfernt. Verbinde diesen Punkt mit der linken oberen Ecke.

2. Schneide entlang der schrägen Linie. Zack, schon ist das Dreieck fertig. Sollte dein Kartonstück etwas größer oder kleiner sein, kein Problem: Dann miss zunächst die Länge der kürzeren Seiten – das ist der Wert für den Punkt, den du anstatt der 21 an der unteren Längsseite markieren musst.

3. Such dir das Objekt, dessen Höhe du messen willst. Das kann ein Baum sein, ein Haus oder ein Turm. Ganz egal, Hauptsache, du kannst es erreichen und es steht einigermaßen frei. Nehmen wir für dieses Beispiel einen Kirchturm.

Du brauchst:

- einen A4-Bogen festen Karton
- Lineal und Stift
- Schere oder Cutter

4. Schließe ein Auge, lege dann das Dreieck so an das andere Auge, dass die lange Seite schräg nach oben weist. Von den beiden anderen Dreiecksseiten muss dabei die eine genau waagerecht, die andere senkrecht stehen. Kontrolliere das immer wieder – hier können schon kleine Abweichungen zu großen Messfehlern führen.

5. Nähere oder entferne dich dem Turm nun so weit, bis seine Spitze und die Spitze der Seite, über die du peilst, sich treffen. Ein letzter Check: Hältst du das Dreieck gerade? Perfekt! Jetzt musst du nur noch von deinem Standort die Entfernung zu dem Objekt messen (A). Zähle deine Körpergröße dazu (B), fertig: Das ist die Höhe des Kirchturms (C)!

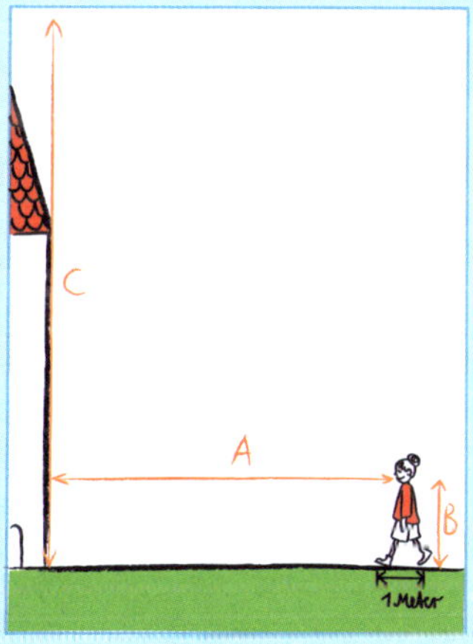

Anleitung

BAU DIR EINE KERZENUHR

Um auf hoher See die eigene Position zu bestimmen, muss man wissen, wie spät es ist. Über das Problem der Zeitmessung haben sich die Menschen schon vor Jahrtausenden Gedanken gemacht. Ein paar der Ergebnisse lernst du auf den folgenden Seiten kennen. Den Anfang macht die Kerzenuhr, die vermutlich aus dem Mittelalter stammt. Sie kam in Klöstern zum Einsatz, wo sie anzeigte, wann es wieder Zeit zum Beten war.

So geht's:

Lass dir bei diesem Experiment von einem Erwachsenen helfen! Lass offenes Feuer niemals unbeaufsichtigt!

1. Als Allererstes musst du deine Uhrkerzen kalibrieren. Das heißt, du musst bestimmen, wie weit sie in welcher Zeit abbrennen. Stelle dazu zwei gleiche Kerzen nebeneinander auf. Du kannst sie auf dem Teller mit etwas heißem Wachs festkleben. Nun zündest du die eine davon an und startest die Stoppuhr. Je nachdem, wie genau deine Kerzenuhr die Zeit anzeigen soll, prüfst du nun zum Beispiel alle 15 Minuten, wie weit die brennende Kerze abgeschmolzen ist. Genau auf dieser Höhe steckst du einen der kleinen Nägel in die andere Kerze. Das machst du im Idealfall so lange, bis die erste Kerze komplett heruntergebrannt ist.

Du brauchst:

- mindestens zwei gleiche Haushaltskerzen
- eine Handvoll kleine Nägel
- einen Teller
- eine Stoppuhr
- etwas Zeit

2. Die zweite Kerze mit den Nägeln ist nun deine eigentliche Uhrkerze – und zugleich Urkerze: Du kannst sie als Vorlage nehmen, um beliebig viele weitere Kerzen mit Nägeln zu präparieren.

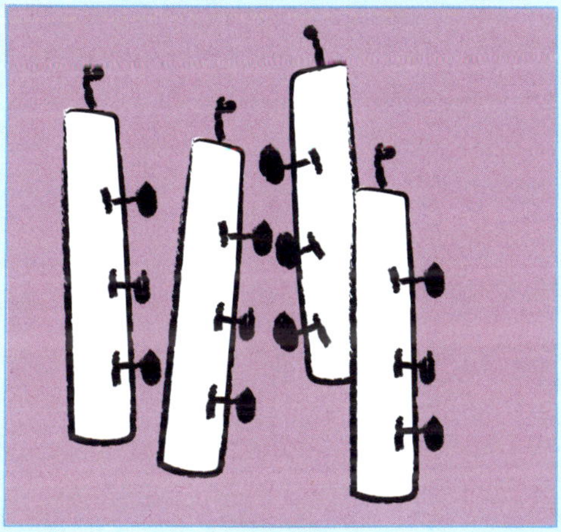

3. Geht es ans Zeit messen, zündest du nun eine deiner Nagelkerzen an. Jetzt benötigst du keine Stoppuhr mehr. Denn die Kerze selbst zeigt dir an, wie viel Zeit jeweils vergangen ist: immer, wenn der nächste Nagel erreicht ist, ist eine Viertelstunde herum. Besser noch, da die Nägel dann jeweils herausfallen, hörst du sogar, wie die Zeit vergeht!

TIPP:

Willst du längere oder kürzere Zeiteinheiten messen, nimmst du einfach andere Kerzen. Je dünner sie sind, desto schneller brennen sie ab. Je dicker, desto langsamer. So richtige Brummer, wie man sie etwa in den Adventskranz steckt, eignen sich allerdings nicht. Die brennen oft nur im Inneren herunter, während das Äußere stehen bleibt.

Anleitung

EINE SANDUHR AUS LEERGUT

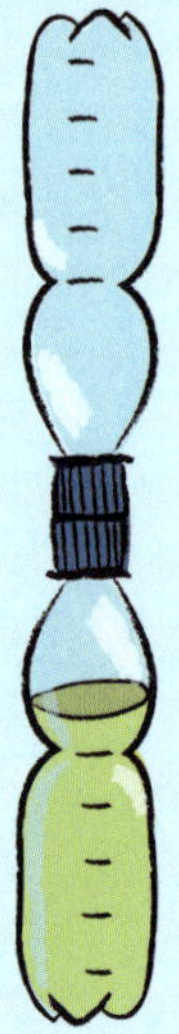

Etwa zur selben Zeit wie die Kerzenuhren entstand die Sanduhr. Seeleute nahmen sie jahrhundertelang mit an Bord, um wenigstens halbwegs die Zeit bestimmen zu können. Der Vorteil: Wind und Wellen beeinträchtigten ihre Genauigkeit nur wenig. Es musste halt nur immer jemand daran denken, sie rechtzeitig umzudrehen ...

So geht's:

1. Nimm die beiden Flaschendeckel und klebe sie an ihren Oberseiten aufeinander.

2. Ist der Kleber getrocknet, schlägst du mithilfe von Hammer und Nagel vorsichtig ein Loch durch die Deckel. Achte darauf, etwas unterzulegen, damit du den Nagel dabei nicht versehentlich im Küchentisch versenkst. Sollte es auf diese Weise zu schwergängig sein, gibt es andere Wege: Du kannst das Loch mit einem dünnen Bohrer bohren. Oder du greifst den Nagel mit einer Zange, erhitzt seine Spitze über einer Kerze und schmilzt das Loch durch den Kunststoff der Deckel. Lass dir dabei aber am besten von einem Erwachsenen helfen!

2 in 1: Kompass-Sanduhr

Du brauchst:

- zwei leere PET-Flaschen mit Deckel
- Hammer und Nagel
- Sekundenkleber
- feinen Sand
- Stoppuhr
- einen wasserfesten Stift

3. Gib den Sand in eine der Flaschen, bis sie zu etwa drei Viertel gefüllt ist. Schraube den Doppeldeckel auf und dann – verkehrt herum – auch die zweite Flasche: fertig ist die Sanduhr.

4. Nun muss sie nur noch kalibriert werden, wie du das schon von der Kerzenuhr kennst: Stelle die Sanduhr so hin, dass die gefüllte Flasche oben ist. Starte gleichzeitig die Stoppuhr. Der Sand rieselt langsam von oben nach unten. Je nachdem, wie groß das Loch und wie fein der Sand ist, kannst du die Zeiteinteilungen an der unteren Flasche markieren: alle 30 Sekunden oder jede Minute. Markiere dann jeweils mit einem Strich, auf welcher Höhe der Sand nach dieser Zeit steht.

TIPP:

Sollte dir die Konstruktion zu wackelig sein, klebst du je einen Bierdeckel oder ein ähnlich großes Stück Pappe auf die beiden Flaschenböden. So hat deine Uhr einen festeren Stand. Ist die Verbindung an den beiden Deckeln der Schwachpunkt, kannst du diese Stelle zur Verstärkung mit Bindfaden oder Klebeband umwickeln.

5. Ist der Sand komplett durchgerieselt, wiederholst du das Ganze: Drehe die Flaschen um, starte die Stoppuhr erneut – und mache nun deine Striche auf der anderen Flasche.

Anleitung

MACH ES WIE DIE SONNENUHR

Kerzen- und Sanduhren sind vor allem geeignet, Zeitdauer zu messen. Sie geben zuverlässig an, wie lange das Ei kocht oder du die Zähne putzt. Eine Sonnenuhr hingegen kann tatsächlich die Uhrzeit anzeigen. Also ... wenn die Sonne scheint. Und wenn die Uhr für den Ort gebaut ist, an dem sie zum Einsatz kommt. Denn eine Sonnenuhr, die in Hamburg funktioniert, ist in Rom oder Paris nutzlos, weil diese Orte auf anderen Längen- und Breitengraden liegen.

antike römische Sonnenuhr

So geht's:

1. Schneide von einem der Kartonbögen einen Streifen ab, sodass ein Quadrat von genau 21 Zentimeter Seitenlänge übrig bleibt. Darauf zeichnest du mit dem Zirkel einen Kreis mit demselben Durchmesser.

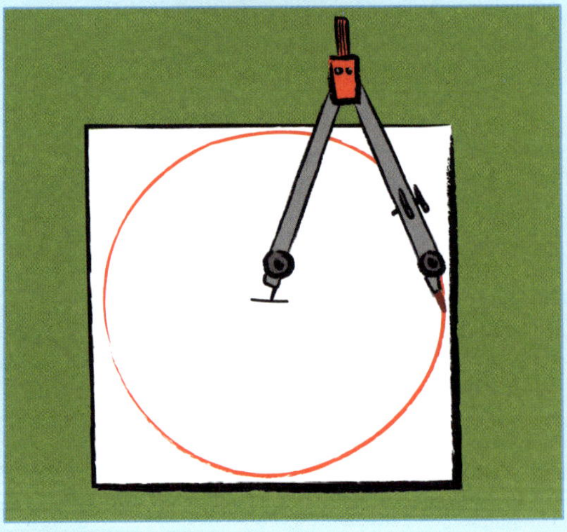

Du brauchst:

- zwei A4-Bögen festen Karton
- Geodreieck und Lineal
- Schere
- Stift und Zirkel
- Kompass

2. Nimm das Geodreieck und teile diesen Kreis in 24 gleich große Tortenstücke. Jedes Stück hat einen Winkel von 15 Grad. Mit dem Stift beschriftest du das Zifferblatt. Dann schneidest du einen sechs Zentimeter lagen Schlitz von der 12-Uhr-Marke in Richtung Mittelpunkt.

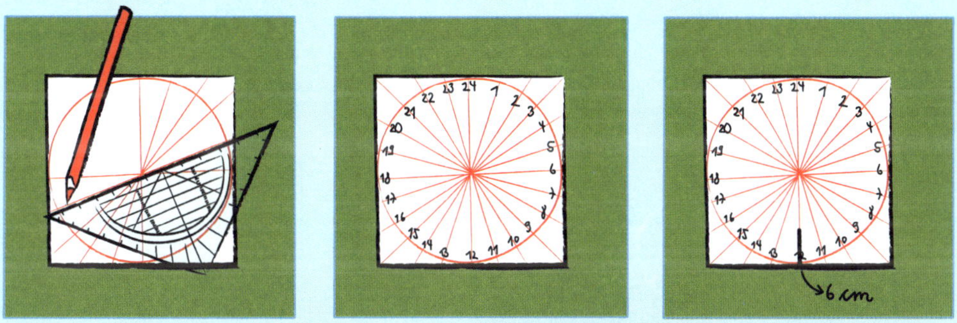

3. Damit deine Uhr richtig geht, muss ihr Schattenwerfer parallel zur Erdachse stehen. Finde also heraus, auf welchem Breitengrad du dich ungefähr befindest. Das kannst du auf einer Landkarte ablesen – oder du fragst ein Smartphone.

4. Diese Gradzahl ist einer der Winkel des Dreiecks, das dein Schattenwerfer wird. Nimm dafür eine zweite Pappe und zeichne eine Linie an, die genau in diesem Winkel vom Blattrand wegführt. Dann zeichnest du eine zweite Linie, die von der ersten im rechten Winkel wieder Richtung Blattrand zurückführt und genau 10,5 Zentimeter lang ist. Schiebe dafür dein Geodreieck auf der ersten Linie längs, bis du die richtige Stelle erreicht hast. Wo nun die zweite Linie auf den Blattrand trifft, beginnst du eine dritte, die wiederum im rechten Winkel von hier nach oben führt – bis sie die erste Linie trifft. Dieses Dreieck aus erster und dritter Linie und dem Blattrand schneidest du aus!

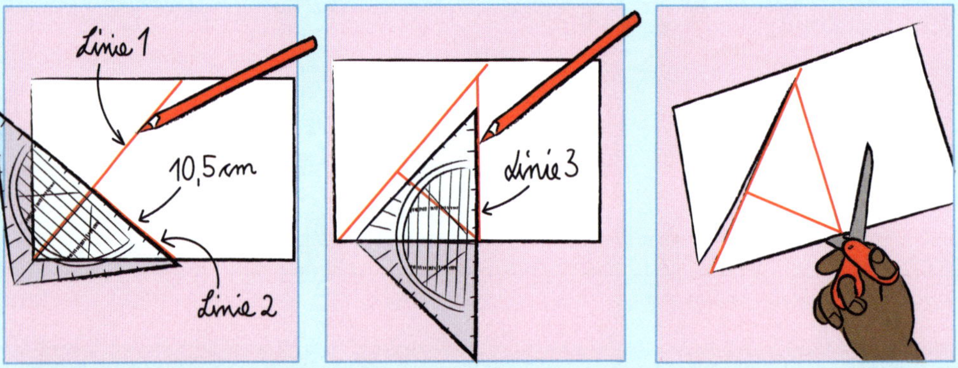

5. Die zweite Linie schneidest du von dem Ende, das an der ersten Linie liegt, 5,5 Zentimeter weit ein. Schiebe das Dreieck an diesem Schlitz in den des Zifferblatts – fertig ist deine Uhr!

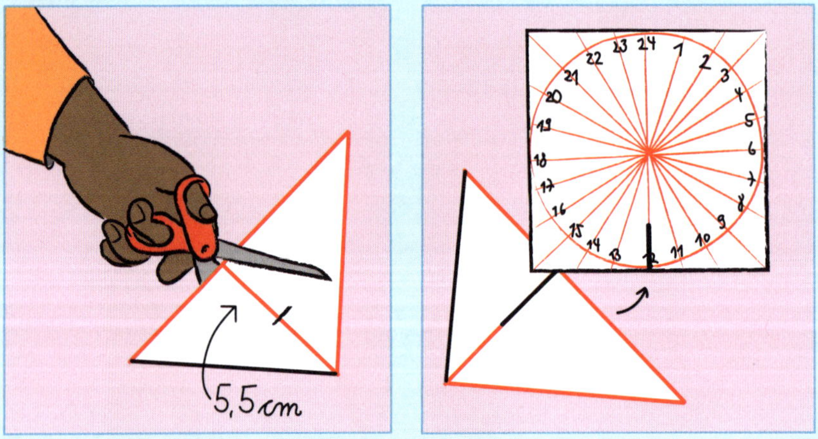

6. Aber wie funktioniert sie? Jetzt kommt der Kompass zum Einsatz: Mit seiner Hilfe richtest du die Uhr so aus, dass der Schattenwerfer genau nach Norden weist. Fällt nun Sonnenlicht darauf, kannst du am Schatten die Zeit ablesen. Kleine Besonderheit: Was sie dir anzeigt, ist die sogenannte Sonnenzeit. Manche sagen auch „wahre Ortszeit“. Die ist nämlich genauer als das, was möglicherweise deine Armbanduhr behauptet. Deren „Zonenzeit“ ist in Europa immer gleich – eben ganz egal, ob du gerade in Hamburg, Rom oder Paris stehst.

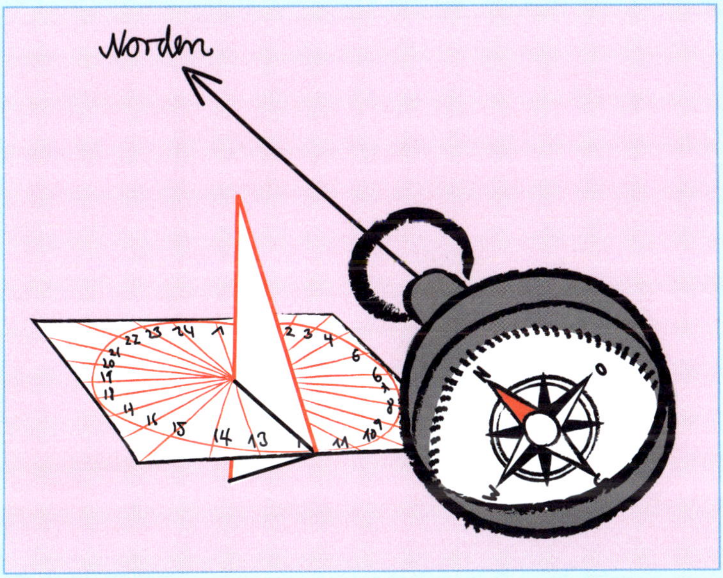

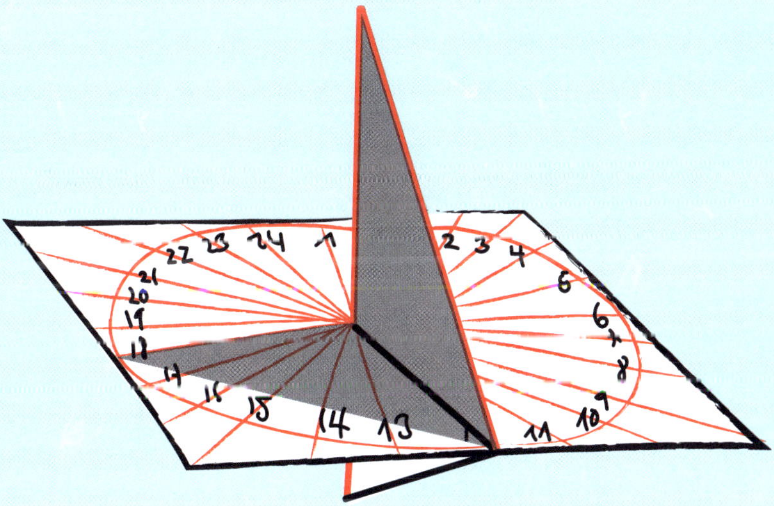

HILFE AUS DEM ALL

Wie uns Satelliten die Orientierung erleichtern

Was für eine geniale Erfindung! Ob im Auto oder auf dem Smartphone – du brauchst nicht mehr als ein paar Klicks, schon zeigt dir das Navi an, wo du gerade bist. Und zwar überall auf der Welt! Aber wie eigentlich? Das Geheimnis verbirgt sich hinter der Abkürzung GPS.

Am 22. Februar 1978 um etwa viertel vor vier am Nachmittag steigt von einer Militärbasis im US-Bundesstaat Kalifornien eine Rakete in den Himmel. Ihre Mission: Sie soll „Navstar 1" auf eine Umlaufbahn bringen, die sich etwa 20.000 Kilometer über der Erdoberfläche befindet. „Navstar 1" ist der erste von zunächst elf Satelliten, mit denen das amerikanische Militär nicht weniger als eine Revolution auf dem Gebiet der Orientierung einläutet: Wenn alles klappt wie geplant, wird es künftig möglich sein, sich an jedem beliebigen Punkt der Erde mithilfe der Satelliten im All den eigenen Standort fast metergenau anzeigen zu lassen. Kompass, Astrolabium oder Sextant – all die genialen Gerätschaften, die Erfinder und Seefahrer über die Jahrhunderte ersonnen haben, sie werden damit überflüssig. Aber wie funktioniert dieses sogenannte „Global Positioning System" (also: globales Positionierungs-System, kurz GPS) überhaupt?

Aktuell kreisen rund 30 GPS-Satelliten über unseren Köpfen, 24 davon sind ständig im Einsatz. Das heißt, sie senden unentwegt ihre genaue Position, und zwar millisekundengenau, denn jeder von ihnen hat eine Atomuhr an Bord – also die genaueste Uhr, die man sich vorstellen kann.

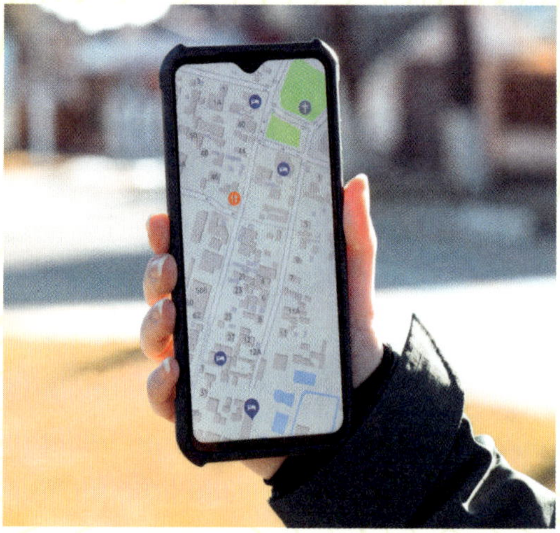

Erhält der GPS-Empfänger in deinem **Smartphone** oder im Auto ein solches Signal, gleicht er es mit der eigenen, eingebauten Uhr ab und kann so errechnen, wie weit der Satellit gerade entfernt ist. Aber das genügt noch nicht, um die eigene Position zu bestimmen. Denn der Satellit sendet in alle Richtungen. Du kannst dir das so vorstellen: Der Satellit befindet sich genau im Mittelpunkt einer kreisrunden Seifenblase. Die gemessene Entfernung ist die zur Oberfläche der Blase. Aber auf dieser hat natürlich jeder beliebige Punkt denselben Abstand zur Mitte. Du willst aber nur den einen wissen, an dem du dich befindest. Und dazu sind mindestens zwei weitere Satelliten nötig. So entstehen, um bei dem Bild zu bleiben, drei ineinandergeschobene Blasen. Und schwupps, schon gibt es nur noch zwei Möglichkeiten für deine Position, denn nur an zwei Punkten überschneiden sich die Oberflächen aller drei **Blasen.** Der Rest ist ein Kinderspiel: Da nur einer dieser Punkte auf der Erdoberfläche liegt (der andere ist irgendwo im Himmel oder tief im Boden), weiß das System nun, wo du bist.

Oder? Ganz so einfach ist es dann leider doch nicht. Denn immer wieder weichen die Satelliten leicht von ihrer Bahn ab. Oder es gibt Störungen in der Erdatmosphäre, die das Signal beeinflussen. Außerdem steckt in deinem GPS-Empfänger nun mal keine Atomuhr. Doch schon eine Abweichung von Sekundenbruchteilen kann die gesamte Messung versauen. Daher braucht das System immer mindestens einen vierten Satelliten, um diese Fehlerquellen durch mehr Daten ausgleichen zu können.

Das Ergebnis der Messung wird immer besser, je mehr weitere Satelliten der GPS-Empfänger in die Berechnung einbezieht.

Offiziell ging das System 1995 in Betrieb. Die ersten Jahre konnte es aber eigentlich nur vom amerikanischen Militär benutzt werden. Die Soldaten hatten aus Sicherheitsgründen eine Ungenauigkeit einprogrammiert. Erst seit dem Jahr 2000 ist diese abgeschaltet, sodass jedermann metergenaue Peilungen erhalten kann. Auf „Navstar 1" sind bis heute an die 80 Satelliten nachgefolgt. Und auch wenn GPS noch immer mit Abstand das bekannteste ist, gibt es inzwischen andere satellitengestützte Navigationssysteme. China hat „Beidou" entwickelt, Russland „Glonass" und die Länder der Europäischen Union lassen die „Galileo"-Satelliten fliegen. Die Anwendungen für GPS sind ebenfalls zahlreicher geworden. Es kommt auf Schiffen und in Flugzeugen zum Einsatz, im **Auto** und im Handy, wo es Wanderer und Radfahrerinnen sicher ans Ziel bringt. Und selbst **Landwirte** steuern ihre Erntemaschinen heute mit Hilfe aus dem Weltall.

Spielidee

WO BIN ICH?

Wenn du die Entfernung zu mindestens drei Punkten kennst, kannst du die eigene Position bestimmen. Das funktioniert beim GPS – und nach einem ähnlichen Prinzip kannst du dieses Spiel spielen.

Du brauchst:

- eine Land- oder Weltkarte
- ein Lineal
- Papier und Stift
- einen Zirkel
- eine Mitspielerin oder einen Mitspieler

So geht's:

1. Breitet die Karte vor euch aus. Sie ist euer Spielfeld. Darauf spielt ihr nun eine Art Verstecken: Wenn du beginnen willst, musst du die Augen schließen oder kurz aus dem Raum gehen.
2. Dein Mitspieler sucht sich derweil auf der Karte einen beliebigen Ort, das ist das Versteck. Dann bestimmt er drei weitere Orte, die um das Versteck herumliegen, und misst mit dem Lineal die Entfernung.
3. Die Namen der Orte und die drei Zahlen schreibt er auf einen Zettel.
4. Nun bist du dran: Nimm den Zirkel, stelle ihn auf die Werte ein, die auf dem Zettel stehen, und ziehe um die entsprechenden Orte jeweils einen Kreis. Wenn ihr beide genau gearbeitet habt, dürfte es nur einen einzigen Punkt geben, an dem sich alle drei Kreise treffen. Das ist das Versteck.
5. Danach könnt ihr die Rollen tauschen, und diesmal suchst du dir das Versteck.

GEOCACHING

Schnitzeljagd mit Satelliten

Du hast bestimmt schon auf mancher Geburtstagsfeier eine Schatzsuche durchs Wohnviertel gemacht. Wenn dir die Kreidepfeile auf dem Asphalt zu lahm sind, versuche es beim nächsten Mal mit der modernen Variante: Mithilfe der GPS-Satelliten kannst du weltweit Millionen Schätze suchen gehen.

Caches können unterschiedliche Größen haben.

Wie viele Verstecke kennst du? Die Internetseite geocaching.com weiß von drei Millionen, die über die ganze Welt verteilt sind. Mehr als 300.000 sind es allein in Deutschland. Sie zu finden, ist das Hobby der sogenannten **Geocacher.** „Geocaching" spricht man „dschieokäsching" aus. Das Wort ist zusammengesetzt aus „Geo" wie in Geographie, also Erdkunde. Und „Cache", was so viel wie „Versteck" oder „geheimes Vorratslager" bedeutet. Alles zusammen ist die moderne Form der Schnitzeljagd. Sie wurde möglich, als das amerikanische Militär sein GPS am 2. Mai 2000 so umstellte, dass es auch normalen Menschen den eigenen Standort metergenau anzeigte. Bis dahin hatte es nämlich absichtlich ungenaue Angaben gemacht. Militärgeheimnis und so ... Jedenfalls dauerte es danach genau einen Tag: Am 3. Mai versteckte ein Mann namens Dave Ulmer in der Nähe der Stadt Portland im US-Bundesstaat Oregon einen Plastikeimer, der unter anderem Bücher, Videofilme, Kleingeld und eine Dose Bohnen enthielt.

Im Internet veröffentlichte er die genauen geografischen Koordinaten und rief dazu auf, mithilfe eines GPS-Empfängers auf die Suche zu gehen.
Ob Dave Ulmer ahnte, was er da lostrat?

Inzwischen strauchen an jedem Wochenende Tausende durch Feld, Wald und Wiesen auf der Suche nach dem nächsten Versteck. Dass man kein besonderes GPS-Gerät mehr benötigt, sondern jedes Smartphone dazu in der Lage ist, dir den Weg zum nächsten **Cache** zu weisen, hat die Sache natürlich noch beflügelt. Und längst gibt man sich nicht mehr mit einzelnen Plastikeimern zufrieden: Es gibt „Multicaches", die dich erst über viele Stationen ans Ziel führen. Oft muss man Rätsel lösen, um überhaupt die genauen Koordinaten herauszufinden. Manche Verstecke sind an Orten, die besonders schwierig zu erreichen sind. Etwa felsige Bergspitzen. Bei anderen liegt die Schwierigkeit sie zu bergen darin, dass sie zum Beispiel mitten in der Innenstadt an einem belebten Platz liegen. Dann besteht die Kunst darin, das Versteck zu finden, ohne dass Uneingeweihte es

Am Zielort musst du schon ganz genau schauen.

versehentlich spitzkriegen. Schließlich sind Caches nur für Cacher!

Hat man so einen **Schatz** gehoben, gibt es darin oft kleine Dinge, von denen man sich etwas aussuchen und mitnehmen kann. Dafür darf man gern etwas anderes hinterlassen, wie ein Autogramm in dem Logbuch, das meist beiliegt. Außerdem meldet man seinen Fund natürlich im Internet, etwa auf der Seite geocaching.com. Das gilt auch für die besonderen Dinge, die man in den Verstecken zuweilen findet, wie die sogenannten „Travel Bugs“.

Das sind zum Beispiel kleine Figuren, die einen eigenen Code haben. Gibt man den im Netz ein, erfährt man, woher der „Bug“ kommt, wo er schon überall war – und wird selbst zu demjenigen, der ihn nun in seine Obhut und möglichst bald in ein nächstes Versteck bringt.

Und was wurde aus Ulmers Cache? Der Plastikeimer fiel schon nach kurzer Zeit einem Rasenmäher zum Opfer. Doch an der Stelle erinnert bis heute eine Plakette an den ersten der heute drei Millionen Caches. Und die Bohnendose hat tatsächlich überlebt. In eingefleischten Geocaching-Kreisen gilt sie aber als so wertvoll, dass sie nur noch zu besonderen Anlässen herausgeholt und versteckt wird.

WO WILL ICH HIN?

WO WILL ICH HIN?

Von Wegweisern und schlauen Tieren

Im ersten Teil hast du erfahren, wie man seinen Standort bestimmen kann und warum das für die Orientierung so wichtig ist. Wenn ich weiß, wo ich bin, kann ich nämlich auch den nächsten Schritt in Angriff nehmen: den Weg zum Ziel suchen!

Steh mal bitte kurz auf und dreh dich in ganz, ganz kleinen Schritten langsam um die eigene Achse. Du könntest nun jederzeit innehalten und in die Richtung losmarschieren, in die du gerade guckst. Wenn deine Schritte klein genug waren, sind das unendlich viele mögliche Richtungen. Und das ist immer so, egal, wo du gerade bist. Okay, am Rand einer steilen Klippe oder in einem Wald, wo die Bäume dicht an dicht stehen, solltest du vorher gucken, ob das eine gute Idee ist. Aber hier geht es ja um die Theorie: Theoretisch steht dir jede Richtung offen. Und praktisch – also in Wirklichkeit – kann es ja sein, dass du ein genaues Ziel hast, das in einer dieser unendlich vielen möglichen Richtungen liegt. Aber wie findest du das?

In diesem Kapitel geht es um die Himmelsrichtungen. Wie sie heißen und wie du sie bestimmen kannst. Wahlweise mit ein paar Waldläufertricks oder, ganz professionell, mit einem Kompass. Der hilft dir schließlich auch dabei, deinen Standort auf einer Karte wiederzufinden. Mit anderen Worten: Es geht um **Orientierung.**

Wobei das wirklich lustig ist. Das Wort Orientierung stammt von Orient, einem alten Wort für Osten. Früher einmal waren Weltkarten nämlich oft so gezeichnet, dass oben **Jerusalem** lag, die wichtigste Stadt der Christenheit. Jerusalem liegt in der Gegend der Welt, die heute „Naher Osten“ genannt wird.

nachgestellte „Kleeblatt“-Weltkarte von Heinrich Bunting (1585): Jerusalem ist hier das Zentrum des Kleeblatts.

Um Karte und Wirklichkeit übereinzubringen, musste man sie also so drehen, dass ihre Oberkante nach Jerusalem wies, nach Osten. Dann war sie wortwörtlich orientiert!

Das macht heutzutage kein Mensch mehr. Moderne Karten sind fast ausnahmslos so gezeichnet, dass oben Norden liegt und unten Süden. Um die Karte auszurichten, muss du sie also einnorden (wie das geht, erfährst du auf Seite 53) und nicht einosten. Der Begriff Orientierung aber ist geblieben.

Das Einnorden ist natürlich ebenso willkürlich. Wichtig ist ja nur, dass man weiß, welche Himmelsrichtung auf der Karte wo liegt. Und wie man diese dann bestimmen kann. Das wichtigste Instrument hierfür ist der Kompass.

Schiffskompass

Wenn du bedenkst, dass die Menschen seit Jahrtausenden mit Booten und Schiffen über die Ozeane fahren, ist es ganz schön erstaunlich, dass sie seit gerade mal 1.000 Jahren der **Kompass** dabei unterstützt.

Zu Lande findet man immer Hilfe: ein Berggipfel, ein Flusslauf, an denen man sich orientieren kann. Aber auf dem offenen Meer?

Meist hielten sich die Seefahrer daher vor allem in Sichtweite der Küste auf. Die Wagemutigeren orientierten sich mithilfe der Gestirne, anhand von Meeresströmungen oder der Windrichtung. Und wagten sich dann auch mal weiter hinaus.

Aber das war gefährlich. Wind kann drehen. Und bei Wolken und Nebel fällt die Sache mit Sonne, Mond und Sternen auch flach.

Was für ein Glück, dass dann jener kleine Apparat erfunden wurde, der zuverlässig den Weg nach Norden weist. Weshalb er das tut (und warum es in Wahrheit gar nicht immer so zuverlässig ist), erfährst du ebenfalls in diesem Kapitel. Und schließlich, wie du einen Kompass verwendest, ja sogar, wie du dir selbst einen baust. Hinterher musst du nicht gleich aufs offene Meer fahren. Aber mit deinem Wissen könntest du es schon fast!

MIT SEIFE ZUM EISESSEN

Was liegt alles zwischen Nord und Süd?

Die Namen der vier Himmelsrichtungen hast du sicherlich schon einmal gehört. Aber wo liegt eigentlich welche, und ... sind es wirklich nur vier?

Stell dir vor: Es ist Sommer, es ist heiß, und du willst ein Eis essen. Aber du bist in einer fremden Stadt und hast keinen Schimmer, wo sich die nächste Eisdiele befindet. Zum Glück kommt dir gerade jemand entgegen, den du fragen kannst. Er antwortet: „Fünfhundert Meter rechts die Straße runter."

Wüsstest du, wo du hinmusst? Fünfhundert Meter ist klar, aber ... in welche Richtung genau? Was für dich rechts ist, liegt bei deinem Gegenüber vermutlich links – und andersherum. Sollte der Mensch, den du gefragt hast, nicht zufällig zeigen, wo es längs geht, musst du wahrscheinlich nachfragen.

Rechts und links, das sind relative Richtungsangaben. Das heißt, sie verändern sich mit deiner eigenen Position. Kleines Experiment: Zeige nach links. Dann mache eine halbe Drehung und zeige wieder nach links. Nun ist es die entgegengesetzte Richtung.

Das genau Gegenteil sind absolute Richtungsangaben wie die Himmelsrichtungen. Hätte dir der Mensch gesagt: „Fünfhundert Meter Richtung Westen", wäre die Sache eindeutig gewesen und keine Frage des eigenen Blickwinkels.

Klar, um zum wohlverdienten Eis zu kommen, muss man die Himmelsrichtungen dann auch kennen.
Und man muss wissen, wie man sie bestimmen kann.

Zum Kennenlernen: Grundsätzlich unterschieden wir **vier Himmelsrichtungen,** das sind Norden, Osten, Süden und Westen.

Welche wo liegt, verrät dir der Lauf der Sonne:

„Im Osten geht die Sonne auf, im Süden nimmt sie ihren Lauf, im Westen wird sie untergehen, im Norden ist sie nie zu sehen."

Kleiner Hinweis: Das gilt nur auf der nördlichen Halbkugel der Erde. Solltest du dieses Buch gerade irgendwo südlich des Äquators lesen, musst du in dem Satz „Norden" und „Süden" tauschen.

Kürzer und ohne Sonne geht es mit diesen Merksprüchen, in dem die Anfangsbuchstaben für die der Himmelsrichtungen stehen. Sie verraten dir zumindest die Reihenfolge der Richtungen:

- **Niemals Ohne Seife Waschen.**
- **Nicht Ohne Stiefel Wandern.**

Nun ist diese Unterteilung ziemlich grob. Welche Straßen verlaufen schon stur von Ost nach West, von Nord nach Süd? Mit anderen Worten, vier Richtungen genügen selten für genaue Wegbeschreibungen. Aber kein Problem: Liegt etwas genau zwischen Norden und Westen, sagt man dazu Nordwesten. Schon werden aus vier **acht Himmelsrichtungen:**

Weil das noch immer recht grob ist, kann man die Achtel wiederum halbieren und erhält so schon **16 Himmelsrichtungen.** Was beispielsweise in der Mitte zwischen Nordwest und Nord steht, heißt dann Nordnordwest. Zwischen Nordwest und West sagt man Westnordwest dazu – und so weiter:

Eigentlich ziemlich schlau. Aber du merkst schon, die Bezeichnungen der Richtungen werden von Mal zu Mal länger. Für die kleinste Einteilung verwendet man daher keine Schlangenwörter mehr, sondern teilt das Ganze zum Beispiel in 360 Scheibchen. Sie werden Grade genannt. Hätte dir der freundliche Mensch den Weg zur Eisdiele mit „die liegt genau auf 264 Grad" beschrieben, hättest du sie auf keinen Fall verfehlt. Also ... falls du einen Kompass dabeihast und weißt, wie man ihn gebraucht.

Von Sonnenanbetern und Satellitenschüsseln

Wie man (fast) ohne technische Hilfsmittel die Himmelsrichtung bestimmt

Du kennst jetzt die Himmelsrichtungen und weißt, welchen Weg die Sonne im Tagesverlauf nimmt. Und bei Nacht? Oder wenn Wolken den Blick auf die Sonne versperren? Kein Problem. Es gibt andere Möglichkeiten zu bestimmen, wo Norden, Süden, Osten und Westen liegen.

Gegenspieler

Aus Sicht der Astronominnen und Astronomen sind Sonne und Mond so verschieden wie Feuer und Wasser. Das eine ist der Stern, um den sich die Erde und die übrigen Planeten unseres Sonnensystems drehen. Das andere ist ein kalter Gesteinsklumpen, der vor Jahrmilliarden in die Umlaufbahn der Erde geraten ist und uns seither begleitet. Und doch sieht für uns der Mond wie das nächtliche Gegenstück zur Sonne aus – in manchen Nächten sogar ganz besonders: Einmal im Monat erscheint er uns nämlich voll und rund. Dann steht er der Sonne genau gegenüber. Sobald diese im Westen untergeht, geht im Osten der Mond auf und folgt im Laufe der Nacht ungefähr ihrem Weg. So wie man also tagsüber die Himmelsrichtung grob am Sonnenstand ablesen kann, geht es nachts am Stand des Mondes.

Feste Größe

Sehr viel genauer kannst du dich mithilfe einer der vielen Sonnen orientieren, die nachts bei klarem Himmel zu sehen sind. Sonnen? Na klar, jeder Stern ist eine Sonne. Viele davon sind sogar deutlich größer als unsere – allerdings auch weiter weg, weshalb sie so viel kleiner aussehen. Im Gegensatz

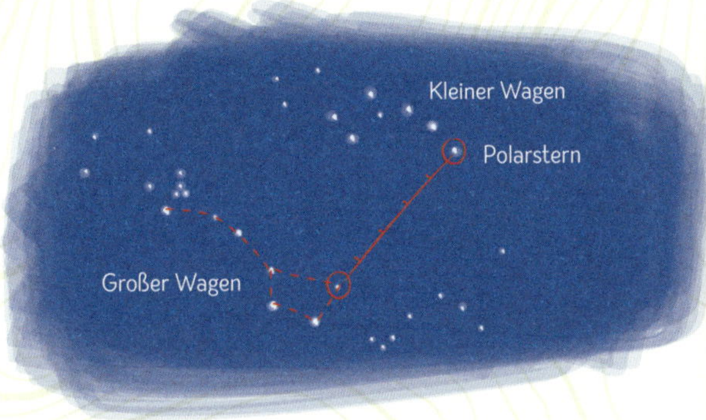

zu Planeten wie der Erde bewegen sich Sterne nicht. Sie haben ihren festen Platz im Weltall.

Dass sie dennoch über unseren Nachthimmel zu wandern scheinen, liegt an uns – beziehungsweise an unserer Erde, die sich die ganze Zeit dreht. Nur ein einziger Stern bleibt von uns aus gesehen stets am selben Fleck, und zwar haargenau im Norden. Es ist der Polarstern. Und wo findet man den? Dabei hilft ein einfacher Trick: Suche am Himmel das Sternbild **Großer Wagen.** Nimm dessen Hinterachse und verlängere sie im Kopf fünfmal. Der Stern, bei dem du landest, ist der **Polarstern.** Er ist übrigens die Deichselspitze des **Kleinen Wagens.** Nun kannst du die restlichen Himmelsrichtungen bestimmen.

Herrin der Ringe

Die Sonne schenkt Leben. Das hinterlässt Spuren – die sich ebenfalls prima zur Orientierung eignen. Etwa an den Stümpfen abgesägter Bäume. Deren **Jahresringe** zeigen dir, wie alt der grüne Riese geworden ist, ehe er fiel. Sie zeigen aber noch mehr: Auf der Seite, wo die Ringe breiter sind, ist in der Regel Süden. Denn hier hat der Baum Zeit seines Lebens mehr Licht und Wärme bekommen.

An vielen Baumstämmen wächst an der nördlichen und nordwestlichen Seite Moos, weil hier kaum Licht hingelangt.

Vom Winde verweht

Weil es in unseren Breiten überwiegend aus Nordwesten oder Westen weht, neigen sich viele **Bäume** in die entgegengesetzte Richtung, also nach Südosten oder Osten. Auch sind die Äste im Norden und Nordwesten oft kürzer, das Laub ist weniger dicht. Allerdings gilt auch das nur für Bäume, die frei stehen und nicht dicht an dicht.

Goldgelbe Wendehälse

Bist du mal an einem Sonnenblumenfeld vorbeigekommen? Vielleicht ist dir aufgefallen, dass die Blüten der **Sonnenblumen** alle in dieselbe Richtung weisen? Fein! Aber es kommt noch besser: Die Blüten zeigen nicht nur in dieselbe Richtung, sie ändern diese auch gemeinsam – weil sie sich von früh bis spät nach dem Sonnenlauf ausrichten. Nachts drehen sie sich dann für den nächsten Tag auf Ost zurück. Kennst du also die Uhrzeit (oder kommst nachts des Weges), dienen dir die leuchtend-gelben Blüten als Kompass.

.

Strich in der Landschaft

Während die Sonnenblume alles tut, um die volle Ladung Licht und Wärme abzukriegen, versuchen andere Pflanzen das genaue Gegenteil: Um nicht auszutrocknen oder unter den heißen Strahlen gar zu verbrennen, dreht etwa der **Rainfarn** seine Blätter stets so, dass sie mit der Spitze zur Sonne weisen und so möglichst wenig Angriffsfläche bieten. Er gehört damit zu der kleinen, feinen Gruppe der sogenannten Kompasspflanzen.

Fressen, bis das Harz kommt

Dass Bäume auf ihrer Sonnenseite kräftiger wachsen und gedeihen, freut auch viele Käfer und Raupen. Schädlinge wie der **Borkenkäfer** fressen sich mit Vorliebe an der Südseite der Baumstämme durch deren Borke und legen dort ihre Eier ab – und der Baum wehrt sich, indem er an diesen Stellen besonders viel Harz absondert.

Schafe auf der Weide

Vielleicht ist es dir schon mal aufgefallen: Kuh- oder **Schafherden** stehen häufig nicht kreuz oder quer auf der Wiese herum. Die Tiere richten ihre Körper in ein und dieselbe Richtung aus. Jetzt nicht direkt in Reih und Glied, aber immerhin. Lange Zeit dachte man, sie würden ihre Breitseiten der Sonne zuwenden, um möglichst viel Wärme und Licht zu tanken – oder versuchen, dem Wind möglichst wenig Angriffsfläche zu bieten. Stimmt beides nicht. Vor einigen Jahren haben Forscherinnen und Forscher mithilfe von Satellitenfotos aus dem All festgestellt, dass sich die Tiere am Magnetfeld der Erde ausrichten, also mehr oder minder in Nord-Süd-Richtung. Was es ihnen nützt, weiß bisher niemand. Aber du weißt jetzt, was es dir nützt!

Eine Frage des Altars

Und wenn gerade keine Kuhherde zur Hand ist, kein Baum weit und breit seine Jahresringe zeigt? Dann gibt es von Menschen gemachte Dinge, an denen sich die Himmelsrichtung ablesen lässt. Zum Beispiel in Kirchen: Zumindest früher wurden die immer so gebaut, dass ihr **Altar** im Osten steht – also in Richtung Heiliges Land.

TP war hier!

Hast du schon mal auf einem Berggipfel gestanden und dich über einen Steinwürfel im Boden gewundert? Wahrscheinlich handelte es sich um einen sogenannten **Trigonometrischen Punkt.** Eine Markierung, die Landvermesser dort hinterlassen haben – und die gar kein Punkt und kein Würfel ist, sondern ein Pfeiler, der rund einen Meter tief in die Erde eingelassen ist. Auf seiner Südseite trägt er die Abkürzung TP, auf der Nordseite ein Dreieck.

DIE TRICKS DER TIERE

Wie Vogel, Fisch und Co. ihren Weg finden

Manche Tiere legen in ihrem Leben Zehntausende Kilometer zurück, einige sogar deutlich mehr: Fische suchen Laichplätze, Vögel ein warmes Sommerquartier. Wie finden sie eigentlich den Weg dorthin ohne Karte, Kompass oder GPS?

Die **Küstenseeschwalbe** mag es hell. Sehr hell – und vor allem: sehr lange sehr hell. Daher verbringt der Vogel die Sommermonate am liebsten im hohen Norden, wo die Sonne kaum untergeht. Naht dann der Herbst und die Tage werden kürzer, macht sich die Schwalbe auf gen Süden. Dabei gibt sie sich nicht mit Südeuropa oder Afrika zufrieden, wie es andere Zugvögel tun. Nein, es muss schon die Antarktis sein. Das macht die Küstenseeschwalbe zum absoluten Rekordhalter in Sachen Tierwanderung. Jedes Jahr legt sie mindestens 30.000 Kilometer zurück, manchmal auch das Dreifache. Zum Vergleich: Jedes Auto in Deutschland wird im Schnitt pro Jahr gerade mal 12.000 Kilometer bewegt!

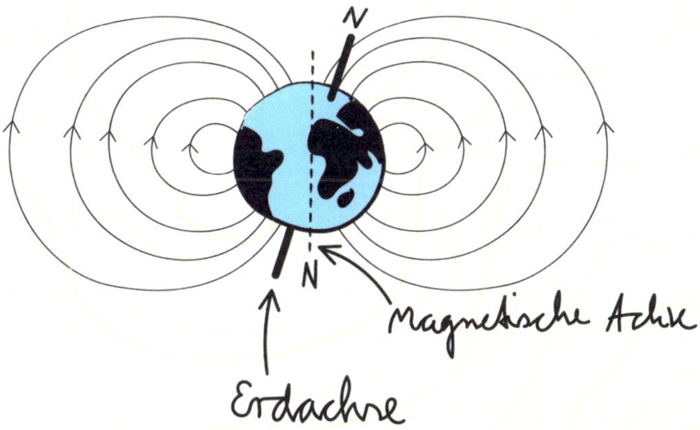

Wochenlang sind die Vögel unterwegs, bei Tag und bei Nacht. Und zwar ohne sich zu verirren! Irre, aber wie machen die das eigentlich? Forscherinnen und Forscher haben herausgefunden, dass Küstenseeschwalben gleich mehrere Tricks auf Lager haben: Tagsüber orientieren sie sich am Stand der Sonne und nachts an den Sternen, wie es auch Robben und sogar Mistkäfer tun. Zusätzlich, sozusagen als Sicherheit, gibt es noch das **Magnetfeld der Erde,** von dem sie sich auf ihrem Flug leiten lassen.

Auch andere Zugvögel beherrschen mal die eine, mal die andere dieser Techniken. Manche noch eine weitere. Sie halten nach Bergen, Flüssen, besonderen Küstenformen oder markanten Gebäuden Ausschau, die sie Jahr für Jahr auf ihrem Flug wiedererkennen und so wissen: Hier bin ich richtig, hier geht es lang.

Es gibt jede Menge weiterer Tiere, die in ihrem Leben riesige Entfernungen überwinden. **Buckelwale** wandern Tausende Kilometer durch die Ozeane.

Das Gleiche gilt für Lachse – und **Europäische Aale.** Diese kehren als erwachsene Tiere aus den Flüssen Europas an den Ort ihrer Geburt zurück. Bis zu drei Jahre dauert die Reise in die Sargasso-See, die vor der Küste Nordamerikas liegt. Dort legen sie ihre Eier ab. Und wenn der Nachwuchs groß genug ist, macht er sich auf den umgekehrten Weg – zurück in die Flüsse Europas. Wie findet er die? Unter Wasser ist es natürlich schwierig, nach dem Stand der Sonne und den Sternen Ausschau zu halten. Aale haben dafür einen extrem guten Geruchssinn, der ihnen zumindest auf der letzten Etappe an den Küsten hilft, ihr Ziel zu finden. Ansonsten erspüren auch die Fische das Magnetfeld der Erde. Wie das funktioniert, hat noch niemand herausgefunden. Bei anderen Tieren weiß man es inzwischen: **Tauben** zum Beispiel haben kleinste Eisenteilchen im Schnabel, die die Vögel quasi wie Magnetnadeln dirigieren.

Bei Regenbogenforellen sind es besondere Zellen in der Riechschleimhaut, beim **Monarchfalter** – einem Schmetterling – sitzen diese in den Fühlern.

Inzwischen weiß man sogar, dass Rehe und Hirsche, ja, auch Schafe und Kühe beim Grasen vorzugsweise in Nord-Süd-Richtung stehen. Ebenfalls hübsch ausgerichtet am Magnetfeld der Erde. Sogar Hunde sollen diese Position bevorzugen, wenn sie am Straßenrand ihr Geschäft verrichten. Anders als bei der Küstenseeschwalbe auf ihrem Langstreckenflug von einem Ende der Erde zum anderen weiß bis heute allerdings niemand, welchen Unterschied es macht, wenn Pudel und Dackel das Bein mit Blick zum Südpol heben.

MARMOR, STEIN UND EISEN SCHMILZT

Warum unser Planet so anziehend ist

Jetzt war schon ein paar Mal vom Magnetfeld der Erde die Rede. Dass sich Zugvögel auf ihren langen Flügen daran orientieren würden und selbst Hunde, wenn sie mal müssen. Aber was genau ist das eigentlich?

Auch wenn es unter unseren Füßen den Anschein hat: Unser Planet ist alles andere als fest. Der Grund aus Erde, Fels und Stein, auf dem wir herumspazieren, ist die sogenannte Erdkruste. Sie ist im Schnitt 35 Kilometer dick. Immerhin. Aber wenn du überlegst, dass es bis zum Erdmittepunkt ziemlich genau 6.371 Kilometer sind, ist das doch eher wenig. Eher wie die Schale ums Ei. Das tiefste Loch, das Menschen je gebohrt haben, misst schlappe zwölf Kilometer. Es ist also noch niemand bis hinter die Erdkruste vorgedrungen. Trotzdem sind Forscherinnen und Forscher einig, dass darunter der sogenannte Erdmantel liegt, eine mehr als 3.500 Kilometer dicke Schicht aus geschmolzenem Gestein, von dem wir manchmal etwas zu Gesicht bekommen – nämlich, wenn ein Vulkan ausbricht. Der Mantel wiederum umhüllt den Erdkern. Dieser besteht aus Metall, ist mehrere Tausend Grad heiß und in seinem äußeren Bereich ständig in Bewegung. Geschmolzenes Eisen und Nickel fließen träge herum, steigen auf, kühlen ab und sinken wieder nach unten. Vereinfacht gesagt entsteht aus dieser gewaltigen Bewegungsenergie elektrische Energie.

Du kannst dir das so vorstellen wie bei einem Fahrraddynamo: So wie der angetrieben von deinem Tritt in die Pedale die Lampen zum Leuchten bringt, entsteht auch im Erdkern Strom. Und wo Strom fließt, gibt es immer auch ein Magnetfeld. Die Erde ist also nicht nur ein gigantischer Dynamo – sie ist auch ein riesiger Magnet, der wie jeder Magnet zwei Pole hat: den Nord- und den Südpol. Das Feld eines Magneten wiederum besteht aus den sogenannten Feldlinien, die in diesem Fall am Südpol aus dem Erdinnern herauskommen, nordwärts verlaufen und am Nordpol wieder im Boden verschwinden. Wie so etwas ungefähr aussieht, kannst du mit einem kleinen Experiment sichtbar machen.

Du brauchst:

- einen kleinen Stabmagneten
- einen Löffel Eisenspäne
- ein Blatt Papier

Anleitung

MACH DAS MAGNETFELD SICHTBAR!

Die Feldlinien, die sich wie ein Netz von Pol zu Pol spannen, sind in der Regel unsichtbar. Dieses einfache Experiment macht das Ganze sehr anschaulich.

So geht's:

1. Lege den Magneten auf eine gerade Fläche und das Blatt Papier darüber.

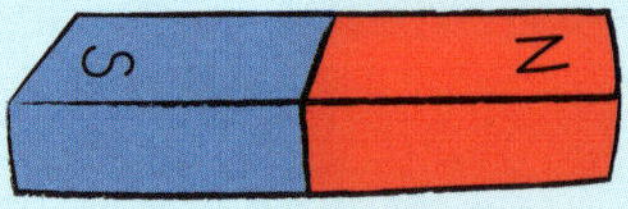

2. Streue die Eisenspäne auf das Papier und beobachte.

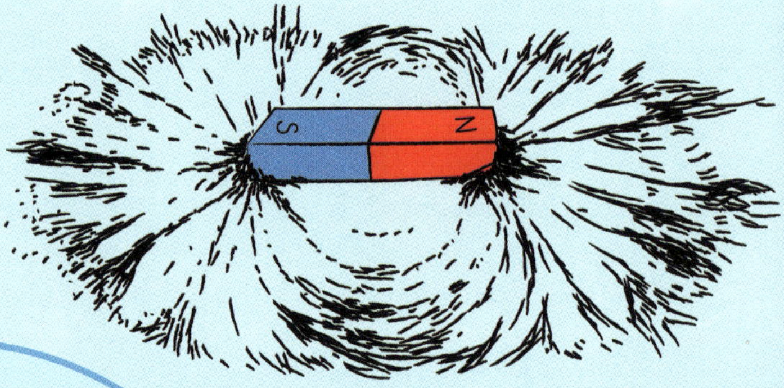

Was passiert?

Die Späne ordnen sich bogenförmig um die beiden Pole des Magneten an. Die Linien, die sie dabei zeichnen, sind die Feldlinien. Wo sie dichter beieinander liegen, ist das Magnetfeld stärker. Was du nicht sehen kannst: Die Linien verlaufen immer in derselben Richtung – vom Nordpol zum Südpol. Aber Moment mal! Stand da nicht eben, dass die Feldlinien des Erdmagnetfeldes von Süden nach Norden verlaufen? Stimmt! Physikalisch betrachtet ist der Nordpol der Erde tatsächlich ein Südpol und umgekehrt.

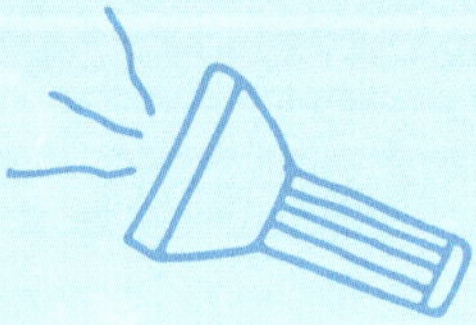

AN DER NADEL NORDWÄRTS!

So funktioniert ein Kompass

Seit 1.000 Jahren navigieren Seefahrer mit seiner Hilfe über die Meere, auch für Wanderer und Piloten ist der Kompass unersetzlich. Dabei funktioniert er gar nicht so gut, wie man denkt. Aber dafür kann er nichts.

Welcher Seefahrer als Erster entlang des Magnetfelds der Erde sein Schiff zielsicher über das Meer steuerte, weiß niemand. Fest steht, dass die Chinesen schon vor rund 1.000 Jahren den sogenannten nassen Kompass kannten. Das war nicht viel mehr als eine **magnetische Nadel,** die in Wasser schwamm. Ließ man sie ungestört, richtete sie sich ziemlich genau entlang der Feldlinien aus – also in Nord-Süd-Richtung. Ein Problem ist dabei natürlich, dass es auf einem schaukelnden Schiff alles andere als ungestört zugeht. Ein großer Fortschritt war daher die Erfindung des trockenen Kompasses. Bei diesem war die Nadel so in der Mitte aufgehängt, dass sie sich möglichst reibungslos, aber eben nur um die eigene Achse drehen konnte.

Weil aber auch dies noch immer ein Gerät ergab, das bei Wellengang schon mal im wahrsten Sinne durchdrehen konnte, verfeinerten die Menschen den Kompass über die Jahrhunderte immer weiter. So wurde die aufgehängte Nadel irgendwann doch wieder „nass“ gemacht. Nur schwamm sie nun nicht mehr auf dem Wasser, sondern drehte sich eingekapselt in Öl. Das machte sie deutlich träger und weniger anfällig gegen Schwankungen und Erschütterungen.

Eine weitere Errungenschaft war es, Schiffskompasse auf mehreren **Achsen** gelagert aufzuhängen. So wie die Wasseroberfläche in einem Glas waagerecht bleibt, ganz egal, ob das Glas aufrecht oder schräg steht, hielten auch diese Kompasse stets die Position – egal, wie viel Schlagseite das Schiff haben mochte. Denn auch das ist wichtig für eine exakte Anzeige.

Wobei: mal mehr, mal weniger exakt. Aber dafür kann der beste Kompass nichts. Denn leider ist es so, dass der magnetische Nord- und Südpol – also die Punkte der Erde, an denen die Feldlinien beginnen beziehungsweise enden, ehe sie in den Erdkern zurückkehren – nicht an derselben Stelle liegen wie die geographischen Pole, also die Punkte, durch die die Erdachse läuft. Und dass sie außerdem noch wandern, langsam aber stetig. Der magnetische Nordpol legt zum Beispiel 40 Kilometer im Jahr zurück. In unseren Breiten spielt das keine so große Rolle. Und je weiter Richtung Äquator du dich begibst, desto weniger fällt diese Abweichung auf. Doch die sogenannte „Deklination“ wird immer größer, je näher du den Polen kommst. Wenn man das weiß, ist es ja kein Problem. Dann kannst du diese Abweichung ausgleichen. Zum Beispiel, indem du deine See- oder Wanderkarte ein bisschen drehst (dazu mehr ab Seite 52, wenn es um die Orientierung mit Karte und Kompass geht). Irgendwelche schlauen Leute wollten sich damit aber nicht zufriedengeben und tüftelten weiter. Und so gibt es heute Kompasse, die die Deklination zum Beispiel elektronisch ausgleichen. Oder die, wie der Kreiselkompass, gleich ganz anders funktionieren und nicht vom Erdmagnetfeld abhängig sind.

Anleitung

SO BAUST DU EINEN NADELKOMPASS

Eine Kompassnadel richtet sich immer nach Norden aus. Wie von Zauberhand? Nein, in Wahrheit zieht der magnetische Nordpol die Metallspitze an. Das kannst du ganz leicht selbst ausprobieren!

Du brauchst:

- einen Korken und ein scharfes Messer
- eine Steck- oder Nähnadel
- einen Magneten
- einen Streifen Klebeband
- den Deckel von einem Marmeladenglas
- etwas Wasser

So geht's:

1. Schneide mit dem Messer vorsichtig eine dünne Scheibe vom Korken ab. Lege die Nadel darauf und befestige sie mit dem Klebeband.

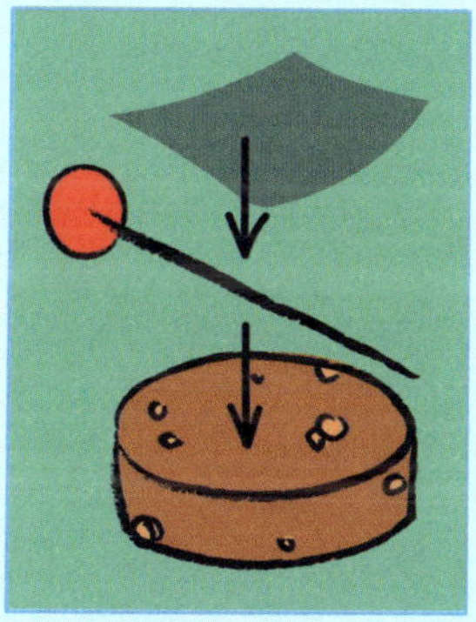

2. Streiche nun mit dem Magneten die Nadel entlang, etwa 30-mal – immer schön von einem Ende zum anderen. Auf diese Weise wird die Nadel magnetisiert.

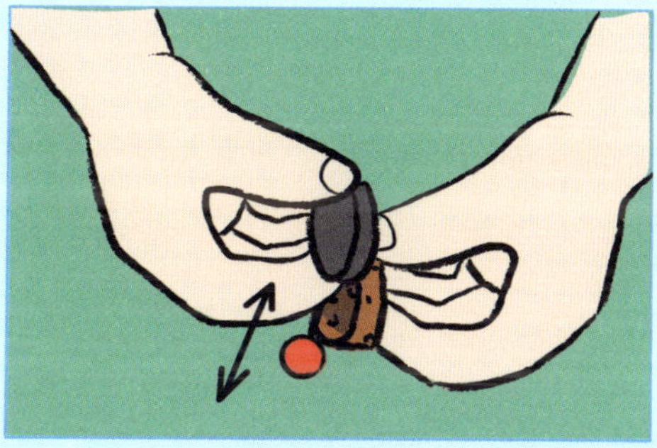

3. Fülle den Glasdeckel mit Wasser und setze den Korken vorsichtig hinein, sodass er schwimmt.

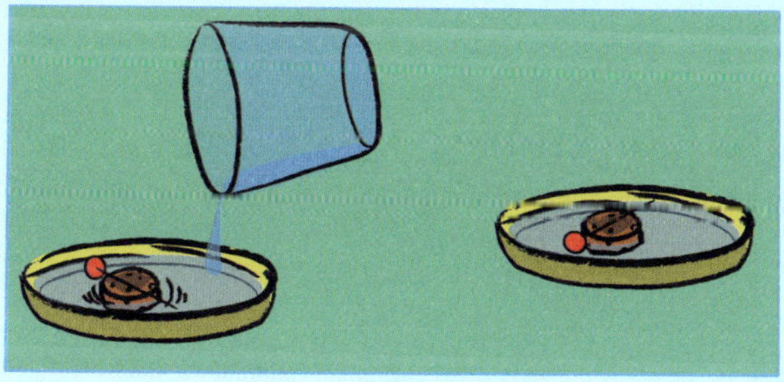

Was passiert?

Der Korken beginnt sich zu drehen, bis er schließlich die richtige Position gefunden hat: wenn die Nadel exakt von Norden nach Süden ausgerichtet ist.

Anleitung

WO LICHT IST, IST AUCH SCHATTEN

Nadelkompass, schön und gut. Aber vielleicht hast du gerade keinen Magneten zur Hand. Gerade unterwegs in der Natur kommt das ja durchaus vor. Kein Problem für erfahrene Waldläufer. Die bauen sich einfach einen Kompass mit Dingen, die man fast überall findet.

Du brauchst:

- einen gerade gewachsenen Holzstock, etwa so lang, wie dieses Buch hoch ist
- zwei kleine Steine
- ein Blatt weißes Papier

So geht's:

1. Stecke den Stock senkrecht in den Boden und schau, wohin sein Schatten fällt. Ist er zu schwach, nimm das Papier zu Hilfe. Darauf wird er deutlicher zu erkennen sein als auf dunklem Boden.

   Wo der Schatten endet, legst du einen der Steine hin.

2. Nach etwa einer halben Stunde ist die Sonne ausreichend gewandert. Lege den anderen Stein an die Stelle, wo der Schatten jetzt endet.

3. Ziehe den Stock aus dem Boden und lege ihn so, dass er die beiden Steine verbindet. Er weist nun ungefähr von Ost nach West.

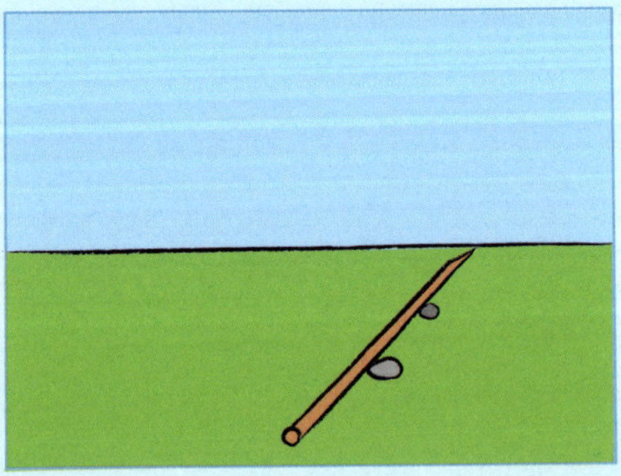

Anleitung

MACH DEINE UHR ZUM WEGWEISER

Ein Blick auf die Armbanduhr verrät dir: Eine halbe Stunde Wartezeit, ehe ich weiß, wo Osten und Westen liegen, ist mir zu lang. Macht nichts, es gibt auch eine deutlich schnellere Methode. Dafür brauchst du nichts als – eine Armbanduhr. Und die hast du ja, sonst hättest du gerade nicht draufschauen können.

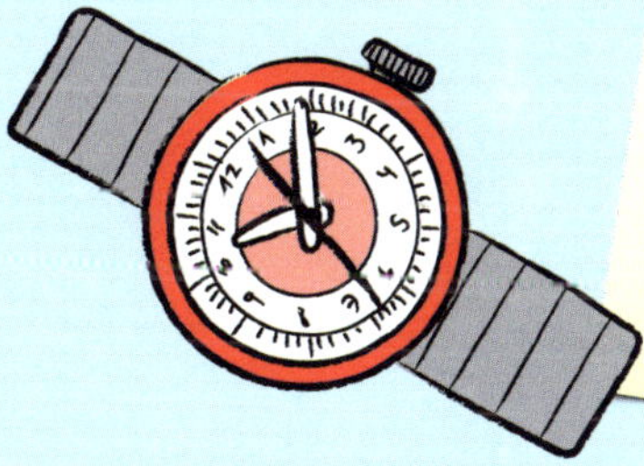

Du brauchst:

- eine Armbanduhr mit Zeigern

So geht's:

1. Nimm die Uhr vom Arm und drehe sie so, dass ihr kleiner Zeiger in die Richtung weist, wo die Sonne steht. Achtung: Wenn du den Uhrenkompass zwischen März und Oktober verwendest, musst du die Uhr erst eine Stunde zurückstellen. Die Sommerzeit würde dir das Ergebnis verfälschen.

2. Auf dem halben Weg zwischen dem Zeiger und der Zwölf liegt Süden. Und zwar vormittags im Uhrzeigersinn und nachmittags dagegen. Beispiel: Morgens um sechs liegt Süden auf neun Uhr, abends um sechs auf drei Uhr.

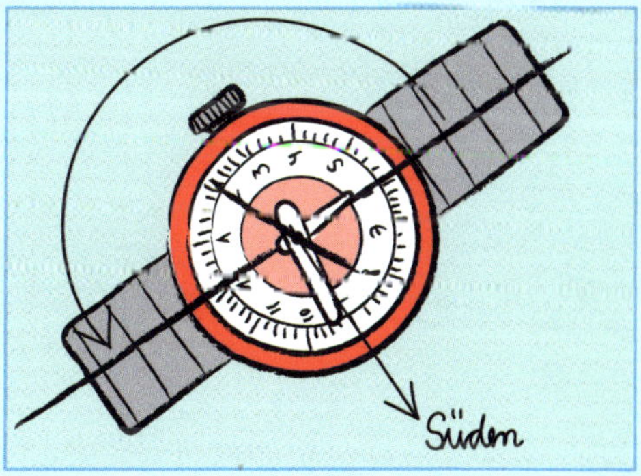

Anleitung

WIE DU DEN KOMPASS VERWENDEST

Inzwischen hast du eine ganze Menge darüber erfahren, wie ein Kompass funktioniert und wie du dir selbst einen bauen kannst. Jetzt soll es darum gehen, wie man ihn verwendet. Denn der kleine Apparat kann viel mehr als nur die Himmelsrichtungen anzeigen!

Wie rum liegt die Karte richtig?

So nordest du eine Karte ein

Die meisten Landkarten und Stadtpläne sind nach Norden ausgerichtet. Das heißt: Der obere Rand liegt im Norden, der untere im Süden. Das ist schon mal gut zu wissen. Und fein, um deine nächste Rad- oder Wandertour zu planen: Ein Blick, und du bekommst eine gute Peilung dafür, ob du die ganze Zeit gegen den Wind anstrampeln wirst oder nicht – je nachdem, ob deine Route eher von Ost nach West oder umgekehrt verläuft. Aber jetzt stell dir vor, du bist schon unterwegs. Du stehst zum Beispiel an einer Wegkreuzung und weißt nicht weiter. Dann hilft der Blick auf die Karte nur, wenn du sie vorher eingenordet hast.

So geht's:

1. Breite die Karte nach Möglichkeit flach auf dem Boden aus.

2. Nimm deinen Kompass. Kann man die sogenannte Kompassrose drehen, auf der die Himmelsrichtungen eingezeichnet sind, stelle sie so ein, dass die Markierung für Norden genau mittig steht.

3. Lege den Kompass so auf die Karte, dass diese Markierung genau in die Nordrichtung der Karte zeigt. Wenn der Kompass ein eckiges Gehäuse hat, geht das am besten, indem du dieses bündig am Kartenrand ausrichtest. Oder an dem Liniengitter, das auf vielen Karten eingezeichnet ist.

4. Nun musst du die Karte nur noch drehen, bis die Kompassnadel genau auf die Nordmarkierung zeigt.

5. Um die Ausrichtung zu überprüfen, suche dir möglichst markante Punkte in der Landschaft. Je nachdem, wo du bist, können das Berggipfel sein, eine Kirche, ein Sendemast oder ein Leuchtturm.

6. Vergleiche: Findest du diese Punkte auf der Karte wieder? Sie sollten darauf in derselben Richtung von deinem Standort liegen wie in der Wirklichkeit.

Du brauchst:

- Karte
- Kompass

Du brauchst:

- eine Wanderkarte
- einen (Marsch-)Kompass
- einen Bleistift

So findest du deinen Standort auf der Karte

Karte eingenordet, Haken dran. Aber die eigene Position? Keinen Schimmer. Wenn es dir so geht, wird es schwierig, die Ausrichtung deiner Karte mit der Wirklichkeit zu vergleichen. Aber es gibt Abhilfe. Der Trick heißt „Rückwärtseinschneiden“ oder „Kreuzpeilung“ und ist schon eine fortgeschrittene Orientierungstechnik. Ordentlich ausgeführt, kannst du damit deinen Standort auf einer Karte fast metergenau bestimmen – ganz ohne GPS und anderes Zubehör. Allerdings hilft es, wenn du einen sogenannten Marschkompass in einem eckigen Gehäuse verwendest.

So geht's:

1. Als Erstes nordest du deine Karte wieder ein.
2. Nun sieh dich um und suche dir zwei – besser noch drei – markante Punkte: Kirchtürme, Gipfelkreuze, Burgruinen. Je nachdem, welchen Maßstab deine Karte hat und wie detailliert die Dinge darauf dargestellt sind, desto mehr dieser Punkte findest du darauf wieder (dazu mehr im nächsten Kapitel). Manche Wanderkarte verzeichnet sogar einzelne Häuser und Bäume.
3. Klappe die Visiereinrichtung des Kompasses auf und peile dadurch den ersten dieser Punkte an.
4. Während du das tust, drehst du die Kompassrose so lange, bis die Markierung „N" (also Norden) genau dort steht, wohin die Kompassnadel zeigt.
5. Lege den Kompass so auf deine Karte, dass eine der Kanten seines Gehäuses wie ein Lineal an dem eben angepeilten Punkt anliegt.
6. Als wäre dieser Punkt die Achse eines Rades und die Gehäusekante eine Speiche, drehst du den Kompass (Achtung: nicht die Karte!) wiederum, bis die Nadel genau auf die N-Markierung zeigt.
7. Ziehe mit dem Bleistift eine Linie an der Kante entlang – vom angepeilten Punkt so weit es geht. Jetzt weißt du schon mal, dass du dich irgendwo auf dieser Linie befindest.
8. Wiederhole die ganze Prozedur mit dem zweiten Punkt. Jetzt kommt der magische Moment: Wo die zweite Bleistiftlinie die erste kreuzt, ist dein Standort.

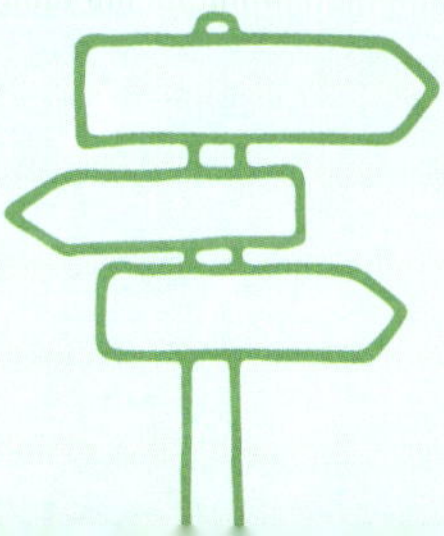

Schön. Aber warum hieß es am Anfang, drei markante Punkte wären besser? Ganz einfach: Bei aller Sorgfalt, ein bisschen Abweichung beim Übertragen aus der Natur auf die Karte kannst du nie ausschließen. Eine dritte Peilung gibt dir Sicherheit (so wie eine GPS-Ortung umso genauer ist, je mehr Satelliten beteiligt sind, wie du auf den Seiten 22–24 bereits lesen konntest): Kreuzt deren Linie die erste an derselben Stelle wie die zweite? Klasse, du hast die totale Peilung! Kreuzt sie ganz woanders? Dann ist irgendwo ein Fehler passiert. Du hast den Kompass falsch eingestellt. Oder der Punkt auf der Karte ist nicht derselbe wie in der Wirklichkeit. Am besten du wiederholst die ganze Übung oder suchst dir andere Punkte.

WIE FINDE ICH DEN WEG (WIEDER)?

WIE FINDE ICH DEN WEG (WIEDER)?

Karten lesen leicht gemacht

Auf in den dritten Teil! Nachdem du erfahren hast, wie du deine eigene Position bestimmst und wie du von einem Ort zum anderen navigieren kannst, geht es nun darum, wie du deinen Weg auch jederzeit wiederfindest. Und welche Hilfsmittel du dafür benutzen kannst. Das sind allen voran Karten.

Ob Land- oder Seekarte, Stadtplan oder Wanderführer – Karten können den unterschiedlichsten Zwecken dienen. Eines wollen sie aber in der Regel alle: ein Abbild der Wirklichkeit darstellen. Dass das gar nicht so einfach ist, wenn man nicht auf technische Hilfsmittel wie Messgeräte oder besser noch **Satellitenfotos** zurückgreift, kannst du dir vielleicht vorstellen. Falls nicht, probiere es einfach selbst. Nimm Papier und Stift, drehe eine Runde durch dein Wohnviertel und versuche dabei, einen genauen Lageplan aller Straßen und Häuser zu zeichnen. Dann mache hinterher den Vergleich: Wie sehr ähnelt deine Skizze dem, was der entsprechende Ausschnitt im Stadtplan oder auf der Karten-App eines Handys zeigt? Eben!

Heute stellen Satellitenfotos die Welt von oben exakt dar.

Trotz aller Schwierigkeiten haben die Kartografen sich nie entmutigen lassen, haben Daten und Informationen gesammelt und damit immer präzisere Karten hergestellt. Auch wenn ihnen über Jahrhunderte hinweg Glaube und Aberglaube immer wieder im Weg standen. So gab es im europäischen Mittelalter die Tradition der „mappae mundi“. Das waren besondere Weltkarten, die sich weniger der exakten Abbildung der Wirklichkeit verschrieben hatten. Vielmehr sollten sie zeigen, wie die Erde nach Auffassung der christlichen Kirche gegliedert war. Auf diesen Karten waren die Kontinente mehr oder minder als Kreis dargestellt, in dessen Mittelpunkt die heilige Stadt Jerusalem liegt. Der Kreis ist in vier Tortenstücke geteilt, links oben Europa, links unten Afrika, rechts oben und rechts unten Asien. Zugegeben, eine eher grobe Darstellung der Tatsachen. Aber das genügte den meisten. Der Zweck solcher Karten war eher symbolisch. Niemand wäre mit einem solchen Kunstwerk ernsthaft auf Reisen gegangen.

So wahnsinnig viel wurde damals sowieso nicht gereist und wenn, dann auf vertrautem Terrain. Das änderte sich ab dem 15. Jahrhundert, als das Zeitalter der Entdeckungsfahrten begann. Die Seeleute brauchten dafür immer genauere Karten. Und sie trugen selbst dazu bei, indem sie von ihren Reisen neue Kenntnisse von bisher unbekannten Gebieten mitbrachten. Mit Erfolg: Heute gibt es eigentlich keine weißen Flecken mehr – jeder Winkel der Erde ist erkundet, vermessen und kartiert.

der Felsendom in Jerusalem

DIE SACHE MIT DER ORANGENSCHALE

Oder von Karten und Kugeln

Das Runde muss in das Eckige. Dieses uralte Gesetz des Fußballplatzes gilt, auf eine Art, auch für die Arbeit von Kartografen. Denn seit Jahrhunderten zerbrechen sie sich die Köpfe darüber, wie das eigentlich gehen soll, die Erdkugel auf ein Blatt Papier zu bannen. Längst ist klar: gar nicht. Jedenfalls nicht ohne Kompromisse.

Du hast sicher einen Schülerausweis, vielleicht eine Monatskarte für den Bus oder die Bahn, einen Reisepass. Und bestimmt ist da ein Foto von dir drin. Als Beweis, dass du wirklich der rechtmäßige Besitzer, die tatsächliche Besitzerin bist. Selbst wenn du auf dem Bild noch eine andere Frisur hast oder ein paar Jahre jünger bist – du bist gut zu erkennen. Jedenfalls wenn der Betrachtende dein echtes Gesicht ebenfalls von vorn sieht. Von der Seite oder gar von hinten? Keine Chance! Das Foto zeigt dich eben nur aus einer einzigen Perspektive so, wie du bist.

Nun hat unsere Erde keine lange Nase oder einen lustigen Haarwirbel am Hinterkopf. Trotzdem entsteht ein ganz ähnliches Problem, wenn man versucht, sie auf einer Karte naturgetreu darzustellen. Stell dir eine **Orange** vor. Und nun male dir aus, wie du sie schälst – und wie du dann versuchst, ihre Schale in einem Stück flach auszulegen. Das geht nicht, jedenfalls nicht, ohne dass du ordentlich drücken oder daran ziehen musst.

Genau das Gleiche geschieht, wenn man versucht, die Erdoberfläche auf ein Papier zu zwingen: Irgendwo muss man drücken, irgendwo ziehen, irgendwo pressen. Und dabei wird die ursprüngliche Form der Oberfläche unweigerlich verzerrt. Das führt dazu, dass zum Beispiel Größenverhältnisse, Formen und Abstände nicht mehr stimmen.

Jede, wirklich jede Karte weicht daher ein bisschen von der Wirklichkeit ab. Auch wenn es sich oftmals um so winzige Unterschiede handelt, dass es nicht weiter ins Gewicht fällt.

Gerhard Mercator

Denn klar, je kleiner der Ausschnitt, den die Karte zeigt, desto weniger Kompromisse muss man beim Zeichnen machen. Der Ausschnitt der Erde, den du im Alltag wahrnimmst, ist ja auch überschaubar, dass du auf einer Kugel stehst, nicht zu spüren.

Das andere Extrem siehst du sehr eindrücklich bei der sogenannten Mercator-Projektion, benannt nach ihrem Erfinder **Gerhard Mercator.** Der berühmte Kartograf lebte vor rund 500 Jahren. Er hat die Erdoberfläche einfach auf einen Zylinder gezeichnet. Mit der Folge, dass alle Größen und Entfernungen am Äquator genau stimmen. Je weiter nach Norden oder Süden ich aber schaue, desto größer wird die Abweichung. Die Insel Grönland in der Arktis erscheint auf einer **Mercator-Karte** daher fast so groß wie Afrika. Dabei hat der Kontinent in Wahrheit die 15-fache Fläche! Was ist passiert?

Mercator-Karte

Stell dir wieder deine Orange vor. Sie liegt vor dir auf dem Tisch. Oben und unten sind nun ihre Pole. In der Mitte, an ihrer dicksten Stelle, verläuft einmal rundherum der Äquator.

Nun nimm ein Blatt Papier und wickle es um die Frucht. Am Äquator liegt es fest auf. Zum oberen und unteren Ende hin wird der Abstand aber immer größer. Wenn du versuchst, das Papier auf die Orangenhaut zu legen, wirft es unweigerlich Falten. Diese Falten sind sozusagen das, was auf Mercators Karten zu viel ist. Trotzdem werden sie bis heute verwendet. Denn wie gesagt: Auch jede andere Darstellung hat Fehler. Wie unterschiedlich sie sind, zeigen dir die Beispiele auf dieser Seite.

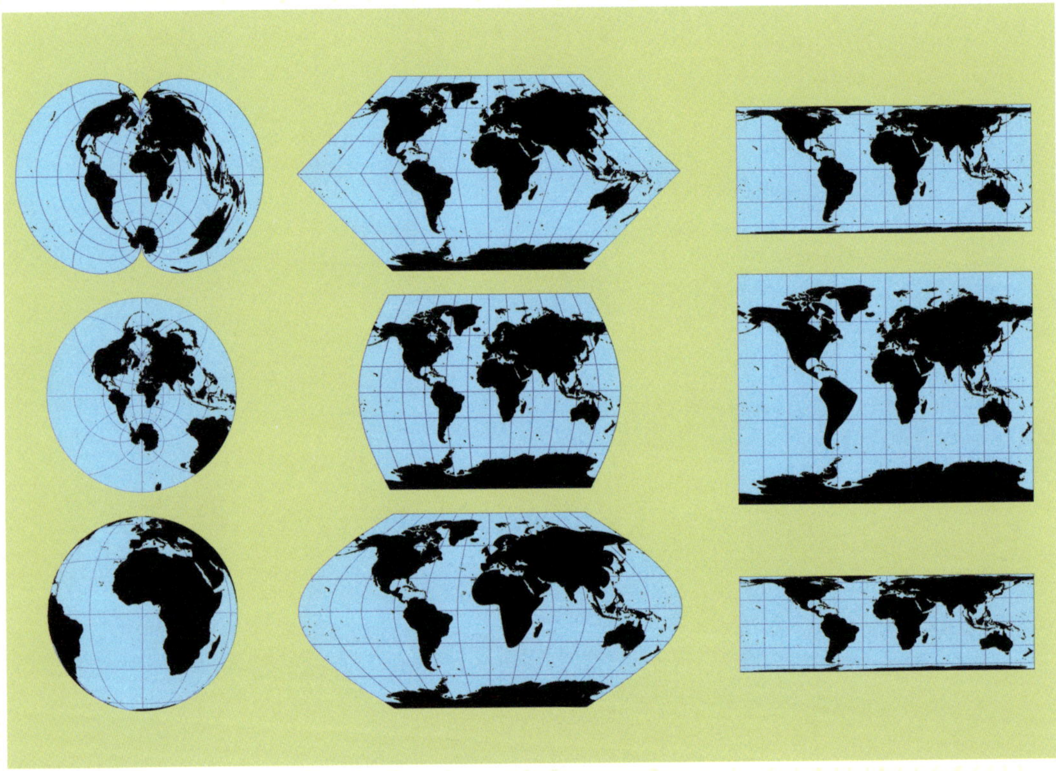

Forscher haben alle mögliche Wege versucht, die Welt in unterschiedlichen „Projektionen" darzustellen: gebogen, zylindrisch, als Kreis oder Kugel oder rechteckig – nichts ist exakt.

ZUM KUGELN

Warum der Globus viele Probleme löst – und manch neues schafft

Während Karten immer in irgendeiner Weise von der Wirklichkeit abweichen, zeigt ein Globus die Welt, wie sie ist. Trotzdem sind die kleinen Erdkugeln nicht für jeden Einsatz geeignet. Und das nicht nur, wenn Kontinente fehlen.

Ein Globus imitiert die Form und Lage unserer Erde.

Nun weißt du es: Die **Erde** ist und bleibt eine Kugel. Jeder Versuch, ihr Abbild fehlerfrei auf ein Blatt Papier zu bringen, ist daher zum Scheitern verurteilt. Aber gibt es keine Möglichkeit, unseren Planeten haargenau so darzustellen, wie er ist?

Natürlich gibt es die – und nicht erst seit gestern: Der griechische Philosoph Krates von Mallus soll bereits um 150 vor Christus den ersten Globus der Welt gebaut haben. Ein **Globus** ist nichts anderes als ein stark verkleinertes Modell der Erde. Weil er ebenfalls kugelförmig ist, ist ein Globus durchweg form- und flächentreu, alle Winkel und Entfernungen stimmen. Wo die Mercator-Karte Grönland zum Superkontinent aufbläst, zeigt der Globus die Insel als das, was sie ist: echt groß, immerhin die größte der Welt – aber doch klein im Vergleich zu Afrika oder Südamerika.

Bis Globen so richtig in Mode kamen, verging nach Krates noch eine ganze Weile. Ihr Siegeszug begann etwa am Ende des 15. Jahrhunderts, ziemlich zeitgleich mit dem Beginn der großen Entdeckungsfahrten. Tatsächlich stammt der älteste erhaltene Globus, der sogenannte Erdapfel von **Martin Behaim,** genau aus dem Jahr 1492 – das ist das Jahr, in dem Christoph Kolumbus sich auf die Reise westwärts über den Atlantik machte, um einen neuen Seeweg nach Indien zu finden. Das gelang ihm bekanntlich

Nachbau vom Behaim-Globus

nicht, denn da war etwas im Weg: Amerika! Das wusste nur bis dahin niemand in Europa. Daher fehlt Amerika auch auf Behaims Erdapfel. Genau wie die Antarktis oder Australien, die den Europäern damals ebenso unbekannt waren.

All diese Fehler wurden natürlich im Laufe der Zeit korrigiert. Wenn du heute einen Globus betrachtest, kannst du davon ausgehen: Hier stimmt alles! Also warum benutzen wir dann nicht einfach alle Globen, um unsere Routen und Reisen zu planen? Ganz einfach, weil ein Globus auch eine ganze Menge Nachteile hat. Er ist viel aufwendiger herzustellen als eine Karte und daher viel teurer. Im 18. Jahrhundert konnte man damit sogar angeben. Manch reicher Herr zog dann einfach so eine kleine Kugel aus der Tasche, um seinem Gegenüber zu zeigen: Schau, was ich mir leisten kann! Dabei zeigt sich gleich das nächste Problem. Ein Globus, selbst wenn er nicht für die Tasche gemacht ist, stellt die Erde viel, viel kleiner dar als Karten, die im Zweifel ja nur einen kleinen Ausschnitt der Welt zeigen. Selbst die größten Großstädte schrumpfen auf dem Globus zu kleinen Punkten. Andere Orte verschwinden gleich ganz, weil für sie kein Platz ist. Oder die Globen selbst werden, vorsichtig ausgedrückt, etwas unhandlich. Der allergrößte von ihnen steht seit der Weltausstellung von 1964 in Flushing Meadows im US-Bundesstaat New York. Die **Unisphere** hat einen Durchmesser von knapp 37 Metern und wiegt 350 Tonnen. →

Bastelbogen

EIN GLOBUS ZUM SELBERBAUEN

Eine Kugel stellt unsere Erde am genauesten dar. Doch im Jahr 1954 entwarf der Architekt und Konstrukteur Richard Buckminster Fuller seine sogenannte Dymaxion-Weltkarte. Erstaunlich, der zwölfeckige geometrische Körper kommt dem Original ganz schön nahe. Und vor allem – er ist super einfach nachzubauen: mit diesem Bastelbogen!

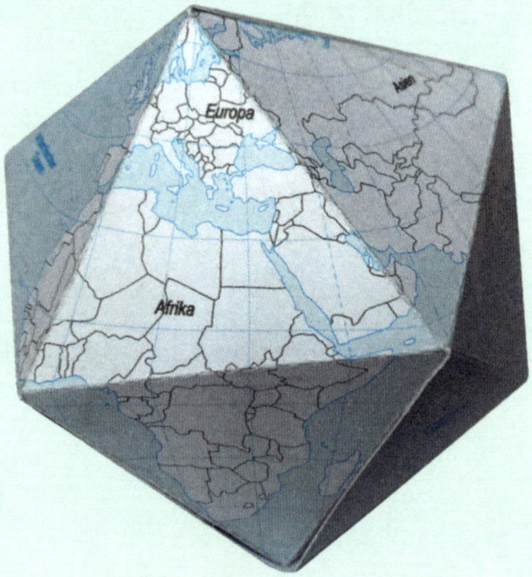

So geht's:

1. Schneide die beiden Bauteile entlang der durchgezogenen Linien aus. Wenn du an den Seiten mit den Klebelaschen etwas ungenau arbeitest, macht das nichts. Dort, wo es direkt an der Karte längs geht, solltest du dir allerdings Mühe geben. Sonst gibt es beim Zusammensetzen Probleme.

2. Knicke entlang aller gestrichelten Linien. Das geht am besten, wenn du vorher das Lineal an die Linie legst und mit der stumpfen Rückseite einer Scherenklinge an ihm entlangfährst.

3. Füge die beiden Teile mit dem Klebestift an der mit A markierten Klebelasche zusammen.

4. Es folgen die übrigen Klebelaschen in ihrer alphabetischen Reihenfolge (B bis N). Nicht wundern, bei den letzten wird es ein wenig fummelig.

A
D
E
F
H
I
K
N
Pazifischer Ozean
Pazifischer Ozean
Pazifischer Ozean
Nordpolarmeer
Nordpol
Nord-amerika
Süd-amerika
Südpol
Atlantischer Ozean

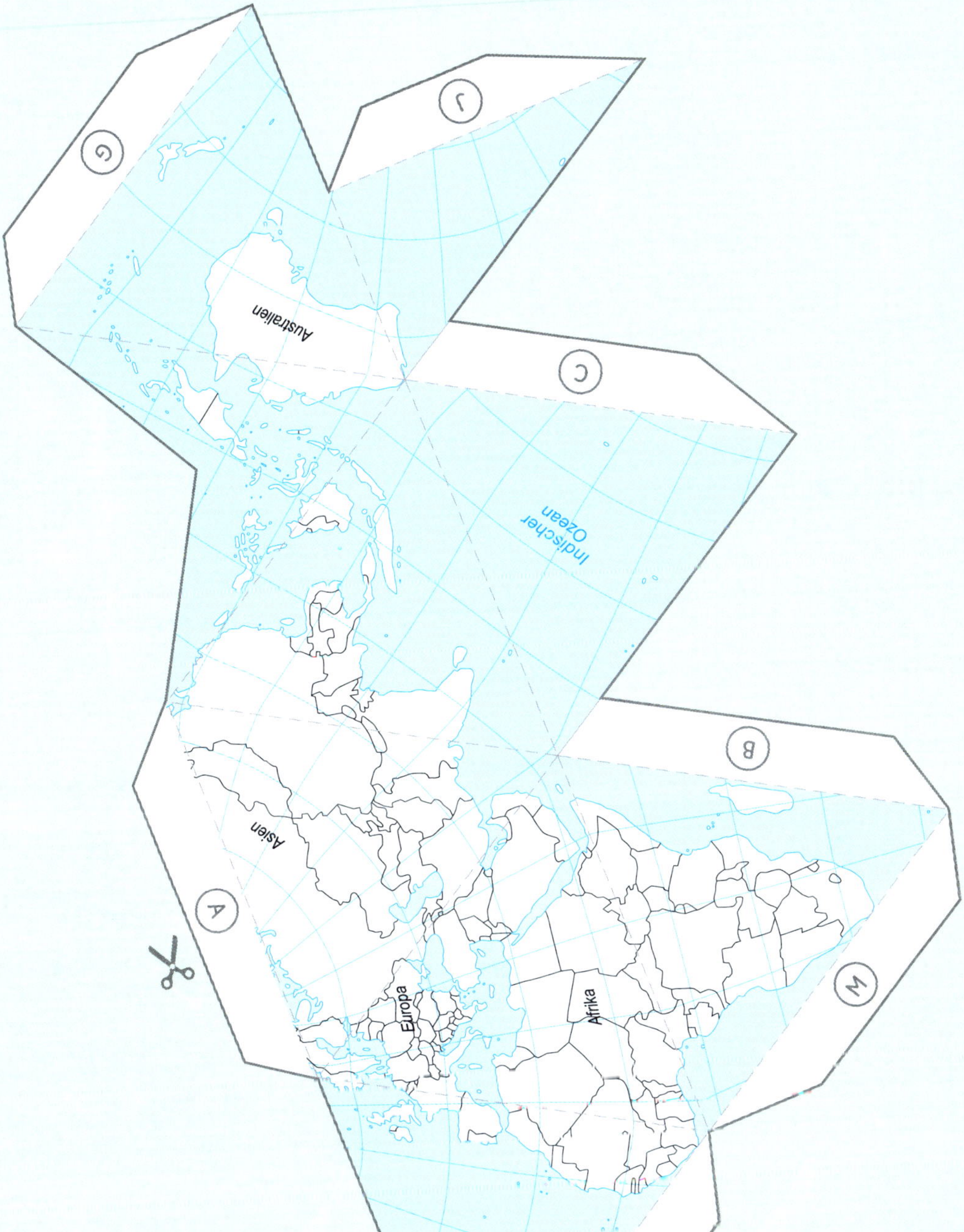
G
J
Australien
C
Indischer Ozean
B
Asien
A
Europa
Afrika
M
Atlantischer Ozean
L

ZWEI DAUMEN BIS ZUM BUS

Alles eine Frage des Maßstabs

Willst du nur wissen, wo Australien liegt, oder planst du gerade die nächste Radtour? Für jeden Zweck gibt es unterschiedliche Karten in unterschiedlichen Größen – und vor allem mit unterschiedlichen Maßstäben.

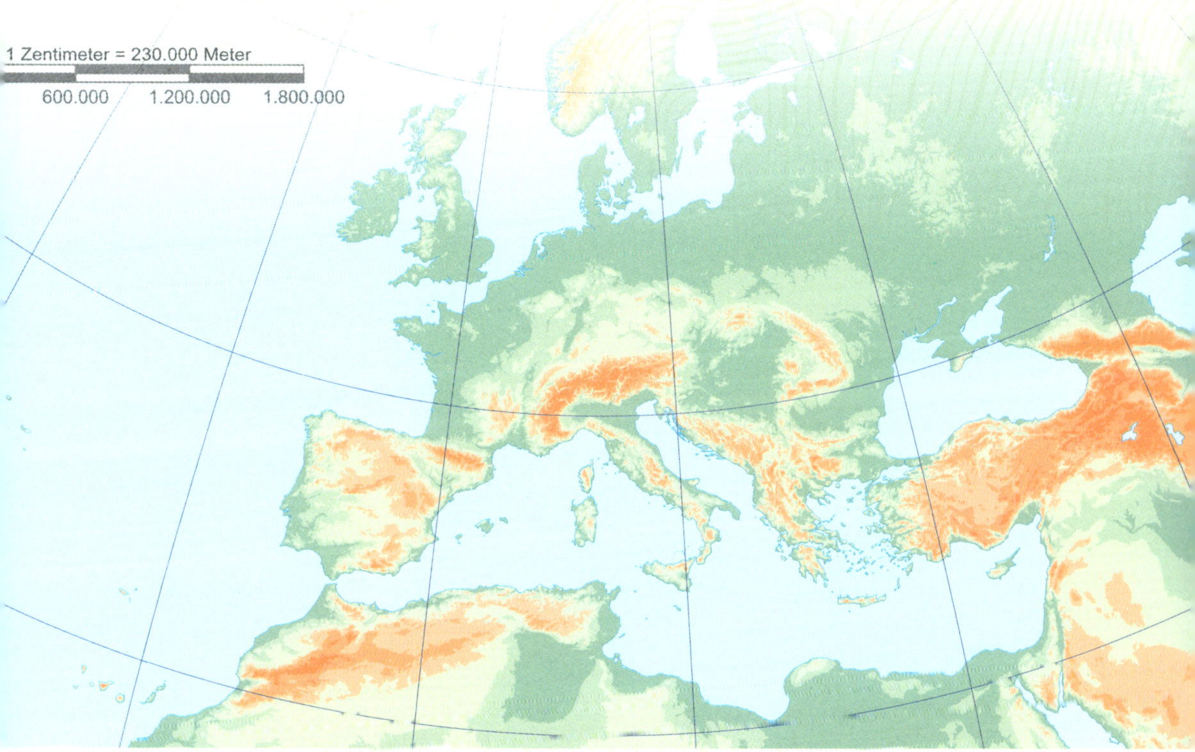

Eben hast du erfahren, welche Stärken ein Globus hat. Und welche Schwächen. Eine davon: seine Größe. Um die nächste Radtour zu planen, taugt so eine Kugel ganz sicher nicht, es fehlen viel zu viele Details. Dafür brauchst du aber natürlich auch keine Weltkarte – sondern eine, die dir ausreichend genau alle Informationen liefert, die man als Radfahrerin oder Radfahrer kennen muss. Dafür muss zuallererst der Maßstab stimmen.

Maßstab, was ist das? Ganz einfach! Jede Karte und jeder Globus ist eine verkleinerte Darstellung der Wirklichkeit. Die Erde hat einen Umfang von ziemlich genau 40.000 Kilometern.

Hier wird der Maßstab der Karte angezeigt.

Straßenkarte

Eine Weltkarte, die das in Originalgröße abbildet, müsste also 40.000 Kilometer breit sein. Nicht sehr praktisch! Du hättest lieber eine Karte, die, sagen wir, zwei Meter breit ist. Damit sie noch gerade so auf deinen Schreibtisch passt. Um die ganze Erde auf zwei Metern Breite zu zeigen, muss man sie also verkleinern: 40.000 Kilometer sind vier Millionen Meter. Die Zahl, durch die ich diese vier Millionen teilen muss, um auf zwei zu kommen, das ist der Maßstab. In diesem Fall also zwei Millionen. Auf einer entsprechenden Karte würde das als 1:2.000.000 angegeben. Ein Meter auf der Karte entspricht zwei Millionen Metern in der Wirklichkeit.

Für einen groben Überblick, wo auf der Erde welches Land liegt, ist das prima. Um eine Radtour zu planen, ist es immer noch viel zu grob und ungenau. Daher gibt es für jeden Einsatzzweck unterschiedliche Maßstäbe. **Straßenkarten** sind meist in 1:200.000 oder 1:100.000 gehalten; mit 1:50.000 kann man prima radfahren oder zu Fuß gehen, wobei Wanderer es in schwierigem Gelände gern noch genauer haben und mit 1:25.000 unterwegs sind. Auf einer Wanderkarte entspricht dann ein Zentimeter nur noch 250 Metern in der Natur. So lassen sich prima Entfernungen schätzen: ein platt gedrückter Daumen ist ungefähr zwei Zentimeter breit, zwei Daumenbreiten auf der Karte sind also ein Kilometer. Wie weit ist es demnach zur nächsten Wasserquelle oder zur Bushaltestelle?

topografische Wanderkarte

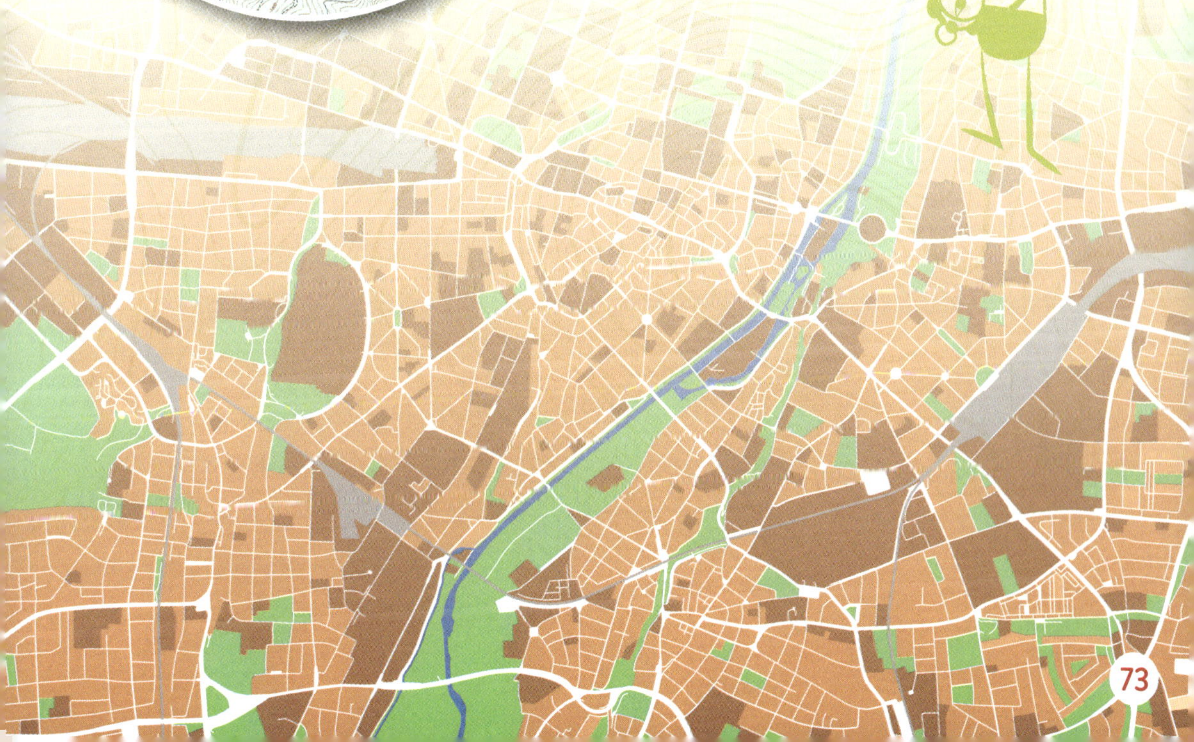

WAS WILLST DU SEHEN?

Warum Karte nicht gleich Karte ist

Von wegen nur Land und Wasser – es ist erstaunlich, was Karten alles zeigen können. Von der Regenmenge bis zur Radstrecke. Allerdings nie alles auf einmal. Daher gibt es für jeden Bedarf unterschiedliche Karten.

Der Maßstab ist ein wichtiges Unterscheidungsmerkmal von Karten. Aber beileibe nicht das einzige. Im Gegenteil: Karten werden grundsätzlich erst mal in zwei verschiedene Gruppen eingeteilt. Da sind zum einen die thematischen Karten. Die kennst du vielleicht aus deinem Schulatlas. Oder aus der Zeitung. Hier geht es weniger darum, landschaftliche Details zu zeigen. **Thematische Karten** sollen andere Dinge verbildlichen. Das kann die Bevölkerungsdichte in verschiedenen Regionen sein. Dann ist zum Beispiel ein dichter besiedeltes Gebiet dunkler dargestellt als eines, in dem kaum jemand wohnt. So wird auf einen Blick sichtbar, wie sich Menschen in einem Land verteilen.

Die thematische Karte zeigt die Bevölkerungsdichte in den Bundesländern. Je grüner, desto dünner ist das Land besiedelt.

Genau so kann man das mit dem Durchschnittsalter machen, dem jährlichen Niederschlag oder mit der Anzahl an Kindern, die gern popeln. Mit anderen Worten: mit jedem beliebigen Thema. Thematische Karten können auch zeigen, wo welche Bodenschätze zu finden sind, sich die größten Fabriken befinden oder gerade die meisten Straßenbaustellen den Verkehr behindern.

Das alles ist an sich sehr interessant. Für unser Thema, die Orientierung, spielen diese Art Karten aber nur am Rande eine Rolle. Wir wollen uns daher die andere große Gruppe genauer ansehen, die **topografischen Karten.** Topografie setzt sich aus den beiden griechischen Wörtern **topos** (= Ort) und **graphein** (=schreiben) zusammen und erklärt damit schon ganz gut, worum es geht, nämlich darum, Orte zu beschreiben. Topografische Karten versuchen, die Wirklichkeit möglichst exakt abzubilden – oder besser: zu übersetzen. Was der Unterschied ist? Ein exaktes Abbild wäre ein Foto. So wie das Satellitenbild, dass die Karten-App im Handy anzeigen kann. Darauf erkennst du dann, welche Farbe die Hausdächer haben oder wie dicht der Wald wächst. Mithilfe eines solchen Bildes seinen Weg von A nach B zu finden, ist allerdings oft schwierig bis unmöglich. Zum Beispiel, weil dein Wanderweg durch eben jenen Wald führt und von oben überhaupt nicht zu sehen ist.

schattierte Reliefkarte
nach Höhe und Vegetation

Das ist auf einer topografischen Karte anders. Die zeigt dir genau, wo der Weg verläuft – und sagt dir trotzdem, dass es durch den Wald geht. Je nachdem, zu welchem Zweck eine solche Karte dient, liefert sie an der ein oder anderen Stelle besonders genaue Informationen, an anderen ist sie vielleicht gröber: Auf deiner Radwanderkarte ist hoffentlich vermerkt, welche Wege befahrbar sind und wo deine Reifen im weichen Sand oder Kies versinken würden. Auf Karten für Kanufahrten ist das egal. Da muss stehen, welcher Fluss befahren werden kann und darf, oder wo man das Boot vielleicht ein Stückchen tragen muss.

Das Reich der Legenden

Kartografen haben ihre eigene Sprache und Schrift. Sie benutzen besondere Symbole und Zeichen für ihre Übersetzung der Wirklichkeit. Welches Symbol jeweils welche Bedeutung hat, erklärt die sogenannte Legende, die auf jeder Karte abgedruckt ist. Wie ein kleines Wörterbuch zeigt sie dir zum Beispiel, welcher Strich in welcher Farbe für Trampelpfad, Radweg oder Landstraße steht. Auch wenn das von Karte zu Karte immer ein bisschen anders aussehen kann, hier sind ein paar der wichtigsten Zeichen und ihre Bedeutung.

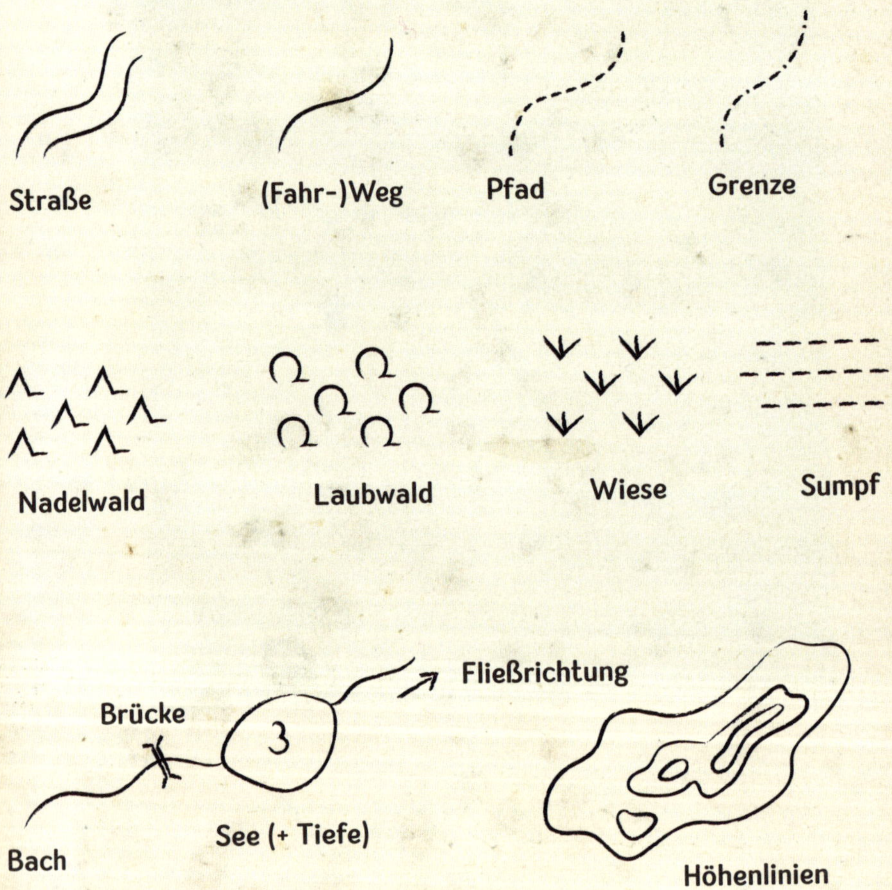

Haus
Kirche
Burg/Schloss
Ruine
Turm
Denkmal
Bergwerk
Bergwerk geschlossen
Höhle
Friedhof
Campingplatz
Bahnhof
Flugplatz
Parkplatz
Aussichtspunkt

Spielidee

KARTENZEICHNEN ALS CHALLENGE

Ein Gedankenspiel: Du bist mit einem Haufen Freundinnen und Freunde irgendwo in einer Gegend unterwegs, die keiner von euch so richtig kennt. Ihr habt zwar eine Wanderkarte dabei – aber eben nur eine. Und nun teilt sich eure Gruppe, weil manche schon los-, die anderen noch ein bisschen am Badesee sitzen wollen. Oder einfach als Challenge, so nach dem Motto: Kommen wir auch ohne Karte ans Ziel? Kommt ihr, mit einem Kroki! Hier erfährst du, was das ist und wie das geht.

Du brauchst:

- eine Wanderkarte als Vorlage
- Papier
- mindestens einen Stift, besser mehrere (in schwarz, blau und grün)

So geht's:

Sieh dir als Erstes die Karte an: Wo bist du, und wo willst du hin? Suche dir den geeignetsten Weg. Nimm Papier und Stifte und zeichne die Karte ab. Überlege dabei gut, worauf es ankommt:

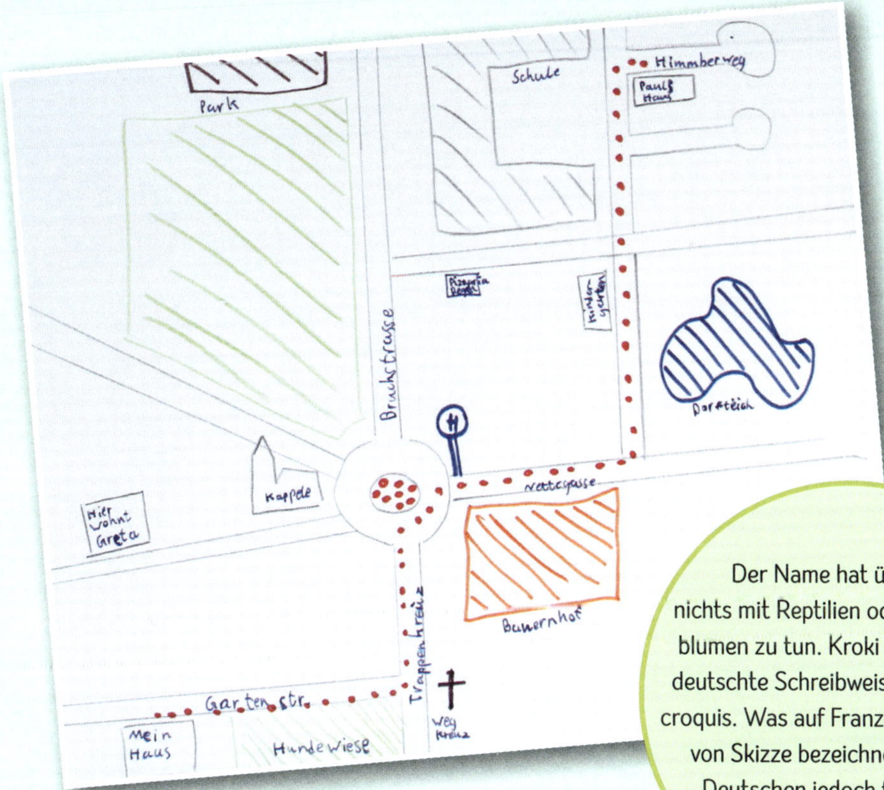

Der Name hat übrigens nichts mit Reptilien oder Frühlingsblumen zu tun. Kroki ist die eingedeutschte Schreibweise des Wortes croquis. Was auf Französisch jede Art von Skizze bezeichnet, meint im Deutschen jedoch fast immer nur die Skizze einer Karte.

1. Welchen Ausschnitt benötigst du? Haarklein jedes Haus einer Siedlung einzuzeichnen, durch die du keinesfalls kommen wirst, ist überflüssig.
2. Auf welche Details kommt es an? Zuallererst natürlich auf die Wege, die du nehmen willst. Achte auf alle Kreuzungen und Abzweigungen. Musst du irgendwo abbiegen, schau, ob es an dieser Stelle oder in der Nähe einen markanten Punkt gibt, etwa eine Kirche oder den Waldrand, und vermerke es auf deinem Kroki. Auch ob es bergauf oder bergab geht, kannst du notieren. Ebenfalls hilfreich: Die Namen von Orten, durch die du gehen wirst.
3. Um dir die Orientierung zu erleichtern, kannst du dein Kroki in ähnlichen Farben gestalten wie die Vorlage. Also: Wege und Häuser in schwarz, Wald in grün, Bäche und Seen in blau.

Vergleiche dein Werk mit der Vorlage. Stimmen die Größenverhältnisse ungefähr? Glückwunsch, fertig ist dein Kroki.

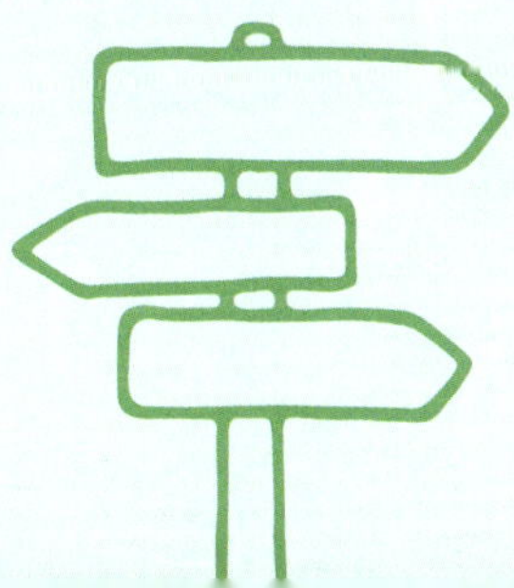

VON HUNDSKÖPFIGEN UND REISEWARNUNGEN

Weshalb frühe Kartenzeichner oft Fantasie brauchten

Heute ist jeder Quadratmeter der Erde vermessen und kartiert. Wo bisher kein Mensch seinen Fuß hingesetzt hat, können wir uns mit den Fotos behelfen, die Satelliten aus dem Weltraum schießen. Die frühen Kartografen hatten es da schwerer: Zu viele weiße Flecken gab es noch, Orte, an denen kein Mensch je gewesen war. Diese Lücken füllten sie gern mit Fantasie – und mit manch gutem Rat für Reisende.

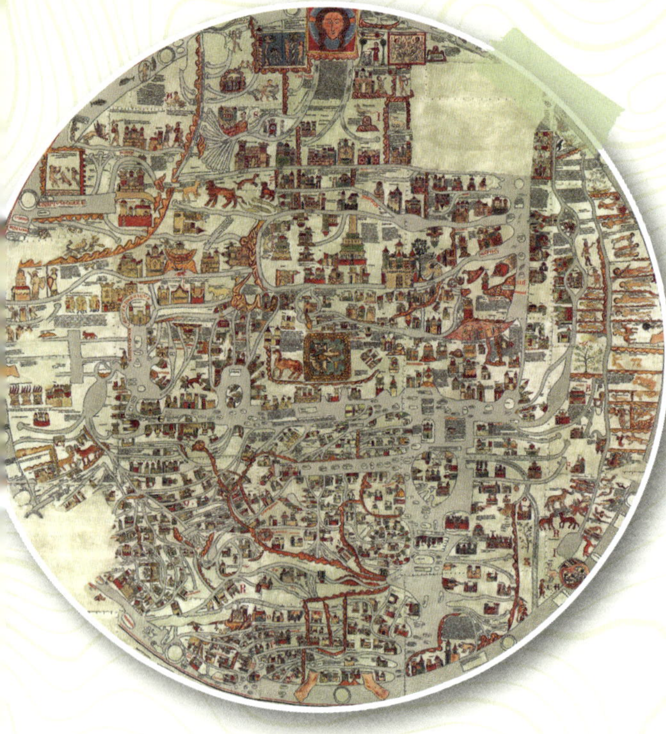

Ebstorfer Weltkarte

Auf den Hund gekommen?

Die **Ebstorfer Weltkarte** ist ein Prachtstück. Oder besser: Sie war eines. Mit einem Durchmesser von gut 3,5 Metern, zusammengenäht aus 30 Pergamentblättern, gilt sie als größte mittelalterliche Darstellung der Erde. Leider ist sie 1943 verbrannt. Heute existieren nur noch Kopien. Doch auch diese zeigen Erstaunliches. So waren die Mönche in dem Kloster, wo die Karte entstand, offenbar fest davon überzeugt, dass es im fernen Asien Menschen mit Hundeköpfen und sogar Kannibalen gibt. Ist natürlich Quatsch, waren damals aber weitverbreitete Legenden.

Hier sind Drachen!

Eines der ältesten noch erhaltenen Modelle der Erde ist der **Hunt-Lenox-Globus,** eine nur elf Zentimeter große Kugel aus Kupfer. Er stammt aus dem Jahr 1504 und zeigt, anders als der Erdapfel von Martin Behaim, bereits Teile Amerikas. Und sein Erschaffer wusste noch mehr. An der Südostküste Asiens steht auf Latein eine unmissverständliche Warnung: hic sunt dracones – hier gibt es Drachen! Woher diese Annahme rührt? Keine Ahnung. Der Satz ist trotzdem zum geflügelten Wort geworden, um Menschen vor unbekanntem, möglicherweise gefährlichem Terrain zu warnen.

Der Trick mit dem Seewolf

Alte **Karten von Island** und dem Meer, in dem die Insel liegt, zeigen gern mal Furcht einflößende Seeungeheuer. Riesenhafte Wölfe mit Flossen zum Beispiel. Manch Forschende haben die Vermutung angestellt, dass es sich in diesem Fall weniger um die überbordende Fantasie des Kartografen handelt, als vielmehr um einen Trick: Damit wollten die Isländer andere Seefahrer einschüchtern und davon abhalten, in die fischreichen Gewässer zu fahren. Nicht, dass ihnen jemand ihren Fang streitig machte!

Prunk hat seinen Preis

Wir halten fest: Aberglaube, Fantasie und knallharte wirtschaftliche Interessen sind vielfach der Ursprung all jener Fabelwesen, die sich auf alten Karten tummeln. Manch Kartograf verfolgte mit den kunstvoll gemalten Einhörnern, Seeungeheuern und Menschenfressern aber noch einen weiteren Zweck, nämlich den, die eigenen Taschen zu füllen. Denn je aufwendiger eine Karte gestaltet war, desto teurer konnte er sie verkaufen.

FÜR WALDLÄUFER UND PILGER

Wie Wegzeichen dich ans Ziel führen

Wer eine Karte lesen kann, ist klar im Vorteil – solange er eine hat. Um anderen den Weg durch unbekanntes Gelände zu weisen, gibt es aber auch andere Mittel.

Auf den letzten Seiten ging es unter anderem darum, wie man die Berge, Straßen, Flüsse oder Häuser auf einer Karte so darstellt, dass jeder es lesen und verstehen kann. Manchmal hilft das jedoch nichts! Stell dir vor: Du bist in unbekanntem Gelände unterwegs, und deine Gruppe teilt sich aus irgendeinem Grund. Ihr habt aber nur eine einzige Karte der Gegend – und keine Zeit, ein Kroki zu zeichnen. Was nun? Kein Problem, dafür gibt es die Waldläuferzeichen. Diese Symbole, die in die Erde geritzt oder mit Ästen gelegt werden, kennen heute die meisten Pfadfinderinnen und Pfadfinder. Viele der Zeichen sind aber viel, viel älter. Sie gehen auf die sogenannten Zinken zurück – Markierungen, mit denen das „fahrende Volk" schon im Mittelalter einander beispielsweise mitteilte, wo man willkommen war, oder um welches Dorf man lieber einen Bogen macht. Hier ist eine Übersicht der wichtigsten Waldläuferzeichen. Natürlich kannst du dir auch eigene ausdenken. Es ist nur wichtig, dass alle in deiner Gruppe sie kennen.

Waldläuferzeichen

- geradeaus
- links abbiegen
- rechts abbiegen
- entgegengesetzte Richtung
- falscher Weg
- Achtung, Gefahr
- überwindbares Hindernis
- unüberwindbares Hindernis
- Weg zum Lager
- Weg zu einer Nachricht
- Wir haben uns geteilt.
- Weg zum (trinkbaren) Wasser
- Weg zum (nicht trinkbaren) Wasser

Wegmarkierungen

Neben mehr oder weniger geheimnisvollen Zeichen, die du hinterlässt, gibt es natürlich auch ganz offizielle: die Wegmarkierungen, die Wanderern zeigen, dass sie noch auf der richtigen Route sind. Das können Streifen, Pfeile oder Ringe sein, die auf Baumstämme und Steine aufgemalt sind. Mancher Weg hat sogar sein ganz eigenes Logo, hier ein paar berühmte Beispiele:

Jakobsweg

Der Jakobsweg ist der vielleicht bekannteste Pilgerweg der Welt. In Wahrheit handelt es sich sogar um ein ganzes Wegenetz, das aus verschiedenen europäischen Ländern in die spanische Stadt Santiago de Compostela führt.

Am Wegesrand findet man in regelmäßigen Abständen diese stilisierte Muschel.

Via Alpina

Auch die Via Alpina ist ein Netz aus vielen Wegen. Insgesamt 5.000 Kilometer lang und in acht Ländern führt sie kreuz und quer durch die Alpen. Sie nutzt dabei bereits bestehende – und markierte – Wege, sodass diese besondere Markierung oft gar nicht nötig ist.

Kungsleden

Der Kungsleden, zu deutsch Königsweg, führt durch die karge, baumlose Einöde im Norden Schwedens. Weil man sich hier kaum verlaufen kann, sind Markierungen eigentlich unnötig. Die roten Kreuze auf den Stangen sind auch nicht für die Sommerbesucher gedacht, sondern für den Winter, wenn hier meterhoch Schnee liegt.

Appalachian Trail

Der Appalachian Trail führt einmal der Länge nach durch die Appalachen, ein Gebirge im Osten der USA. Wo er langgeht, zeigt dieses Zeichen, das aus den Buchstaben A und T einen Pfeil bildet.

Heysen Trail

Auf und ab und auf und ab – und das Ganze über rund 1.200 Kilometer: Der Heysen Trail ist der längste Wanderweg in Australien.

DAS GEHEIMNIS DER STÄBE

Die wundersamen Karten aus dem Westpazifik

Karten können auch ganz anders aussehen, als wir sie kennen. Für die meisten Menschen sind die Stabkarten der Marshaller heute unlesbar. Hübsch anzusehen sind sie trotzdem.

Als die ersten europäischen Seefahrer die Inselwelt des Pazifiks erkundeten, staunten sie nicht schlecht: Die Menschen dort hatten weder große Segelschiffe, noch navigierten sie mit Karte, Kompass und Sextant über das Meer. Trotzdem unternahmen sie weite Reisen übers Wasser – und kamen zielsicher an. Die Bewohner der **Marshallinseln,** die ungefähr auf halber Strecke zwischen Australien und Hawaii liegen, verwendeten zur Orientierung sogenannte Stabkarten. Sie bestehen aus Blattrippen von Kokospalmen, die mit Kokosfasern zusammengebunden werden. Teilweise hängen noch ein paar Schneckenhäuser drin. Für unser Auge ergibt das Ganze sehr hübsche Gebinde, aber nichts, was auch nur im Entferntesten nach einer Seekarte aussieht. Das liegt allerdings an uns. Eingeweihte können aus der Anordnung der Stäbe, Knoten und Muscheln ganz genaue Informationen über Wellenformen, Windrichtungen und Wasserströmungen herauslesen. Die Schneckenhäuser stellen Inseln und Atolle dar.

Einige solcher Stabkarten hängen heute in den berühmtesten Museen der Welt. Um über den Pazifik zu schippern verwendet sie niemand mehr: Leider haben die Marshaller inzwischen unsere westliche Technik übernommen und greifen lieber zu GPS oder Kompass, um den Weg zu finden. Stabkarten lesen kann so gut wie niemand mehr.

die Marshall-Inseln

Anleitung

EINE STABKARTE ALS WANDSCHMUCK

Du brauchst noch ein besonderes Geburtstagsgeschenk? Wie wäre es mit einer selbst gemachten Stabkarte? Die sieht geheimnisvoll aus, und man kann sich sehr lange damit beschäftigen – du musst nur behaupten, das wäre ein Plan des Ortes, an dem der Beschenkte wohnt …

Du brauchst:

- ein paar lange, biegsame Zweige
- Bindfaden
- ein paar Muschelschalen oder bunte Holzperlen

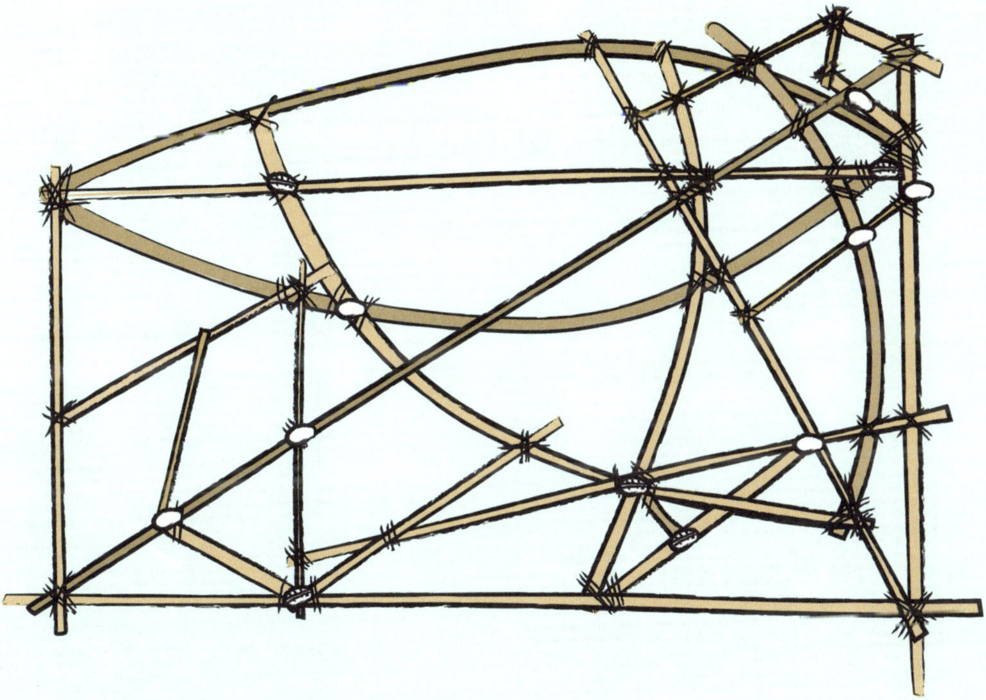

So geht's:

1. Lege zunächst aus vier Zweigen einen rechteckigen Rahmen und knote diesen an den Ecken mit Bindfaden zusammen. Eventuell brauchst du noch ein paar Querstreben, damit der Rahmen die Form behält.
2. Nun kannst du dazwischen nach Herzenslaune noch weitere Zweige binden, Schnüre spannen, Perlen festknoten.

LÄNGEN, BREITEN UND EINE RIESENKARTOFFEL

Warum die Erde vergittert wurde

Geografen haben ein Gitternetz aus Längen- und Breitengraden über unsere Erde gelegt, das sich auch auf den meisten Karten wiederfindet. Es hilft dabei, genaue Ortsangaben zu machen. Und es wäre sogar perfekt, wäre die Erde wirklich eine Kugel. Ist sie aber nicht.

Von Längen- und Breitengraden war nun oft die Rede. Schon gleich am Anfang des Buches. Denn sie bestimmen zu können, ist Voraussetzung dafür, dass ich meine Position auf einer Karte wiederfinde. Oder anderen meinen genauen Aufenthaltsort mitteilen kann. Längen- und Breitengrade findet man daher auch auf den meisten topografischen Karten wieder, sie ziehen sich als Gitter darüber. Auf den ersten Blick scheint der einzige Unterschied zu sein, dass die einen quer verlaufen. Das sind die Breitengrade. Die Längengrade hingegen verlaufen mehr oder weniger senkrecht.

In Wahrheit sind die beiden aber sehr verschieden. Hast du noch die Orange aus dem Experiment mit der platt gedrückten Schale? Dann nimm sie mal kurz in die Hand. Stell dir vor: Oben und unten befinden sich die beiden Pole. Genau in der Mitte teilt eine Linie die Kugel in zwei Hälften, eine nördliche und eine südliche. Diese Linie ist der nullte Breitengrad, besser bekannt als Äquator. Bis zu den Polen führen nun jeweils 90 Grade in immer kleineren Kreisen um die Erde. Wobei die Pole selbst der 90. Grad nördlicher beziehungsweise südlicher Breite sind – also gar keine Kreise mehr, sondern nur noch Punkte.

Die **Längengrade** hingegen sind ganz etwas anderes. Das geht schon damit los, dass es doppelt so viele sind, dafür haben sie – anders als die Breitengrade – immer zwei Enden. Nimm noch mal die Orange. Und nun stell dir vor, einmal rundherum würden von Pol zu Pol 360 Linien führen. Das sind die Längengrade! Allerdings enden sie nicht nur an den Polen, sie werden auch in zwei Hälften geteilt: Die 180 Grade westlicher Länge, und die 180 Grade östlicher Länge.

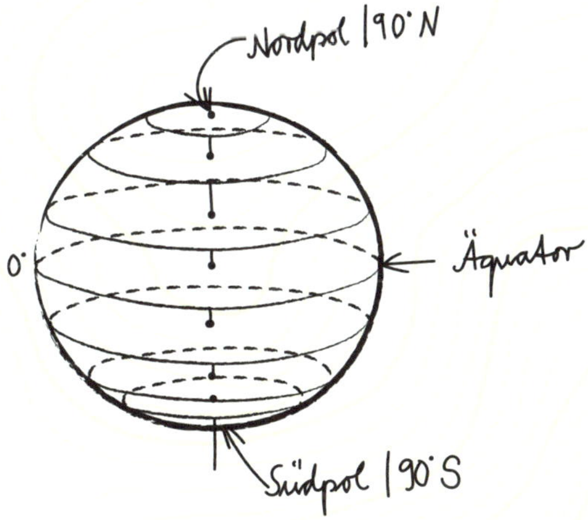

Nun sind 360 Linien auf einer Orange eine ganze Menge. Auf der Erde mit ihren 40.000 Kilometern Umfang jedoch nicht. Um eine Position exakt angeben zu können, braucht man kleinere Einheiten. Das ist so, als würde deine Uhr nur Stunden anzeigen, aber keine Minuten oder Sekunden.

Gutes Stichwort übrigens, denn diese Begriffe benutzt man auch bei den Gradzahlen. Während ich diese Zeilen schreibe, befinde ich mich zum Beispiel auf 53 Grad, 34 Minuten und 49 Sekunden nördlicher Breite und 9 Grad, 57 Minuten und 4 Sekunden östlicher Breite.

So weit, so gut. Aber dabei gibt es doch noch eine kleine Schwierigkeit. Seit einiger Zeit weiß man nämlich, dass die Erde gar keine perfekte Kugel ist – sondern ein kleines bisschen eiförmig, und auch das leider nicht ganz regelmäßig. Manche sagen sogar, sie würde eher an eine **Kartoffel** erinnern!

Im Alltag ist das egal. Für die Positionsbestimmung anhand der Längen- und Breitengrade kann es aber zu Ungenauigkeiten von mehreren Kilometern führen. Daher haben Geografen sich allerlei andere Systeme ausgedacht, die diese Ungenauigkeiten ausgleichen. In Deutschland und anderen Ländern gilt noch heute vielfach das sogenannte Gauß-Krüger-System. Ein anderes, häufig verwendetes, ist das UTM-Gitter. Seit die ganze Welt das globale Positionierungssystem (GPS) verwendet, setzt sich zunehmend auch auf Karten das vom GPS verwendete System WGS 84 durch. Klingt verwirrend, ist es auch. Ich wollte es nur der Vollständigkeit halber erwähnen. Wenn du später mal Pilotin oder Kapitän werden möchtest, brauchst du das. Ansonsten kannst du diese ganzen Abkürzungen gern wieder vergessen.

NULLNUMMERN UND KREUZUNGEN

Wenn Grade zu Grenzen werden

So theoretisch das Gitternetz aus Längen- und Breitengraden erscheinen mag, das sich um die Erde spannt, manchmal hat es sehr konkrete Auswirkungen – vom Land, in dem ich lebe, zu dem Hobby, das ich habe.

Wo ist die Null?

Die Breitengrade verlaufen vom Äquator zu den Polen. Null Grad sind am Äquator, die Pole bilden jeweils den 90. Klare Sache. Ganz anders die Längengrade. Mit deren Nummerierung kann man theoretisch an jedem beliebigen Ort beginnen. Ganz praktisch wurde das auch jahrhundertelang getan. Für die einen war Paris der sprichwörtliche Nabel der Welt, für andere die Azoren mitten im Atlantik. Und weil England lange Zeit die führende Seefahrernation war, verlief die Nulllinie auf vielen Seekarten durch den Londoner Vorort **Greenwich.** Das Kartenargument zog am Ende: Bei einer internationalen Konferenz einigte man sich im Jahr 1884 auf Greenwich. Seither wird die Welt von hier in eine westliche und eine östliche Hälfte geteilt. Auf der gegenüberliegenden Seite der Welt liegt der 180. Grad, auch bekannt als Datumsgrenze.

Greenwich-Meridian

Vom Grad zur Grenze

Stichwort Grenze: Hast du dich beim Blick auf eine Weltkarte schon mal gewundert, dass in manchen Weltgegenden die Grenzen schnurgerade verlaufen?

Während bei uns in Europa oft Flüsse oder Gebirgszüge eine natürliche Begrenzung zwischen zwei Regionen oder Ländern bilden, sind es anderswo gern mal die Breiten- oder Längengrade. Das betrifft vor allem eher dünn besiedelte Gegenden, die einst europäische Kolonien waren. Das vielleicht bemerkenswerteste Beispiel: der **49. Breitengrad**, der auf mehr als 2.000 Kilometer Länge die Grenze zwischen den USA und Kanada bildet – weil das vor 200 Jahren mal so zwischen den Regierungen der beiden Länder ausgehandelt wurde.

Die Sache mit den Kreuzen

Influencer kennt jeder. Aber weißt du, was ein Confluencer macht? Das sind Menschen, die es sich zum Ziel gesetzt haben, möglichst viele der Orte zu besuchen, wo sich Längen- und Breitengrade kreuzen – einen sogenannten **Konfluenzpunkt** bilden, wie es bei Geografen heißt. Bei 180 Breiten- und 360 Längengraden abzüglich der Pole ergeben sich rein rechnerisch 64.442 solcher Punkte. Von denen liegen allerdings nur 14.029 an Land. 44 davon befinden sich übrigens in Deutschland, falls dieser kleine Absatz dein Interesse geweckt haben sollte …

Anleitung

SOCKEN IN B3!

Du hast die Probleme der Kartenprojektion kennengelernt. Du weißt, wie man ein Kroki zeichnet, und wieso der Nullmeridian in einem Vorort von London liegt. Wo würde er in deinem Zimmer verlaufen? Mach ein Spiel daraus und zeichne eine Karte. Und wenn deine Eltern das nächste Mal was suchen, gibst du ihnen einfach die Koordinaten durch ...

Du brauchst:

- Papier und Stift
- Zollstock und Lineal

So geht's:

1. Vermiss mit dem Zollstock dein Zimmer: Wie breit ist es, wie lang? Übertrage die Werte in einem passenden Maßstab auf das Papier. Vergessen, wie das geht? Dann blättere noch mal zurück auf Seite 71. Ansonsten der Tipp: 1:20 sollte gut passen. Jeder Meter in der Wirklichkeit entspricht dann fünf Zentimetern auf dem Papier.
2. In diese Skizze zeichnest du nun die markantesten Punkte, ebenfalls möglichst maßstabsgetreu und am richtigen Ort: dein Bett, den Schreibtisch, die Kuschelecke und so weiter.
3. Zeichne nun ein Gitternetz, so wie die Längen- und Breitengrade auf einer Karte: senkrechte und waagerechte Linien im Abstand von zweieinhalb Zentimetern. So teilst du dein Zimmer in Quadrate von je einem halben Meter Seitenlänge.
4. Gib diesen Quadraten Namen, indem du zum Beispiel senkrecht Zahlen und waagerecht Buchstaben dranschreibst.
5. Notiere, was in welchem dieser Quadrate liegt. Du kannst für dich selber eine Liste anlegen – und natürlich auch deine Familie damit beeindrucken. Wenn dein Vater das nächste Mal deine Klamotten für die Wäsche sucht, kannst du ihm die Arbeit ganz einfach erleichtern: Meine Socken liegen in B3!

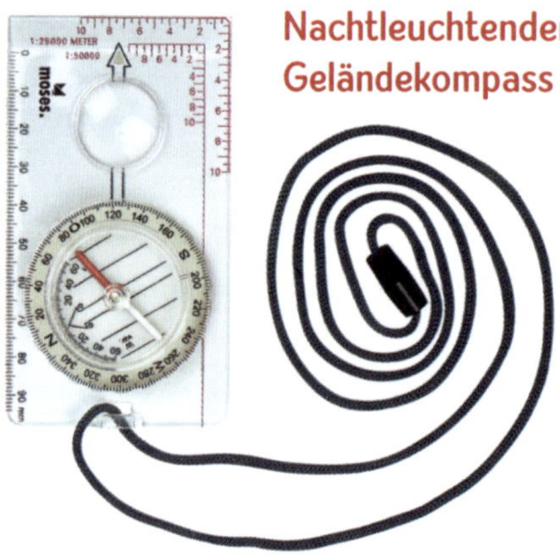